Disfrute gratuitamente **DURANTE UN AÑO** del eBook de esta obra

Nulidad de las actuaciones procesales en el orden civil. Paso a paso

⊘ Acceda a la página web de la editorial **www.colex.es**

⊘ Identifíquese con su usuario y contraseña. En caso de no disponer de una cuenta regístrese.

⊘ Acceda en el menú de usuario a la pestaña «Mis códigos» e introduzca el que aparece a continuación:

RASCAR PARA VISUALIZAR EL CÓDIGO

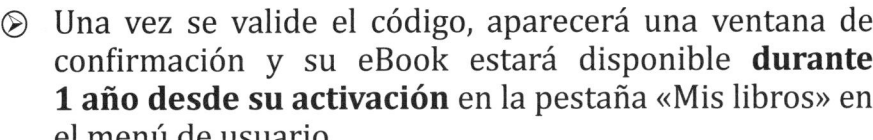

⊘ Una vez se valide el código, aparecerá una ventana de confirmación y su eBook estará disponible **durante 1 año desde su activación** en la pestaña «Mis libros» en el menú de usuario.

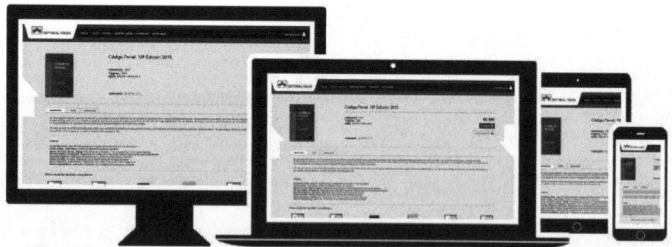

¡Gracias por confiar en Colex!

La obra que acaba de adquirir incluye de forma gratuita la versión electrónica. Acceda a nuestra página web para aprovechar todas las funcionalidades de las que dispone en nuestro lector.

Funcionalidades eBook

**Acceso desde
cualquier dispositivo**

**Idéntica visualización
a la edición de papel**

Navegación intuitiva

Tamaño del texto adaptable

Puede descargar la APP «Editorial Colex» para acceder a sus libros y a todos los códigos básicos actualizados.

Síguenos en: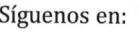

NULIDAD DE LAS ACTUACIONES PROCESALES EN EL ORDEN CIVIL

Análisis de las diferentes causas de nulidad
de los actos procesales en el orden civil

NULIDAD DE LAS ACTUACIONES PROCESALES EN EL ORDEN CIVIL

Análisis de las diferentes causas de nulidad
de los actos procesales en el orden civil

2.ª EDICIÓN 2024

**Obra realizada por el Departamento de
Documentación de Iberley**

COLEX 2024

Copyright © 2024

© Editorial Colex, S.L.
Calle Costa Rica, número 5, 3.º B (local comercial)
A Coruña, 15004, A Coruña (Galicia)
info@colex.es
www.colex.es

I.S.B.N.: 978-84-1194-423-6
Depósito legal: C 529-2024

concreta en la defectuosa documentación del juicio o de la vista mediante su graba-ción audiovisual, ha supuesto una indefensión material».

Sentencia del Tribunal Constitucional n.° 155/2019, de 28 de noviembre, ECLI:ES:TC:2019:155

«b) En relación con las irregularidades procedimentales en las actuaciones judi-ciales, este Tribunal ha reiterado que su relevancia constitucional exige que se cause una efectiva indefensión material. De acuerdo con esta doctrina, que se ha hecho extensiva a la revisión de las garantías procesales en relación con la prisión provisional (SSTC 50/2009, de 9 de abril, FJ 3; 65/2008, de 29 de mayo, FJ 2, y 66/2008, de 29 de mayo, FJ 2), la indefensión es una noción material que se caracteriza por suponer una privación o minoración sustancial del derecho de defensa, de los principios de contradicción y de igualdad de las partes que impide o dificulta gravemente a una de ellas la posibilidad de alegar y acreditar en el proceso su propio derecho, o de replicar dialécticamente la posición contraria en igualdad de condiciones con las demás partes procesales (por todas, SSTC 12/2011, de 28 de febrero, FJ 3, y 127/2011, de 18 de julio, FJ 3).

c) Es asimismo doctrina constitucional reiterada que no corresponde al Tribunal "re-construir de oficio las demandas, supliendo las razones que las partes no hayan expuesto, por ser carga procesal de quien pide amparo constitucional no solamente abrir la vía para que podamos pronunciarnos, sino también proporcionar la fundamentación fáctica y jurídica que razonablemente es de esperar y que se integra en el deber de colaborar con la justicia del Tribunal Constitucional" (por todas, STC 140/2014, de 11 de septiembre, FJ 3). La argumentación sobre la indefensión material constituye también una carga procesal del recurrente en amparo (STC 258/2007, de 18 de diciembre, FJ 3)».

RESOLUCIONES RELEVANTES

Sentencia del Tribunal Superior de Justicia de Cataluña n.° 481/2022, de 27 de enero, ECLI:ES:TSJCAT:2022:1427

Carácter extraordinario y requisitos de la nulidad

«Que con carácter general debemos señalar que como reiteradamente tiene pro-clamado la Sala entre otras múltiples y coincidentes sentencias como las de 19-10-89, 26-4-91, 26-4-82 y 29-10-97, siguiendo el criterio del Tribunal Supremo en las suyas de 10-4-90, 20-10-00, 31-1-06 y 23-11-09, la nulidad de actuaciones constituye un remedio extraordinario de muy estricta y excepcional aplicación dada la notoria con-moción procedimental que supone, tanto para las partes como para los principios de celeridad y economía que informan nuestro sistema jurídico procesal, por lo que su estimación ha de estar condicionada al cumplimiento de varios requisitos, entre otros a que por la parte que lo invoque se determine el precepto o preceptos que de naturaleza procesal y carácter esencial hayan sido infringidos y, en todo caso, que la denunciada infracción le haya producido o podido producir una verdadera indefen-sión, que debe naturalmente objetivarla de forma particular y no genérica, situándola en una situación de desigualdad frente a la contraria».

Sentencia del Tribunal Superior de Justicia de Galicia n.° 5190/2022, de 17 de noviembre, ECLI:ES:TSJGAL:2022:7771

«En cuanto a la nulidad de actuaciones es doctrina judicial reiterada que la decla-ración de nulidad de actuaciones es un remedio excepcional, que ha de aplicarse con criterio restrictivo y solamente cuando concurran los siguientes requisitos: 1° Que se haya producido vulneración de una norma esencial en la regulación del proceso, si el defecto no es subsanable; 2° Que se haya formulado protesta, si el momento procesal lo permite; y 3° Que produzca indefensión a alguna de las partes liti-gantes (arts. 238 Ley Orgánica del Poder Judicial [RCL 1985 1578, 2635] y 191.a Ley

de Procedimiento Laboral). Una interpretación amplia de la posibilidad de anulación podría incluso vulnerar el derecho a la tutela judicial efectiva, proclamado en el art. 24 de la Constitución Española (RCL 19782836), que incluye el derecho a un proceso público sin dilaciones indebidas, reafirmado en el art. 74.1 de la Ley de Procedimiento Laboral, al establecer el de la celeridad como uno de los principios orientadores de la interpretación y aplicación de las normas reguladoras del proceso laboral ordinario.

(...)

*Cabe decir en primer lugar sobre la alegación de falta de motivación, que sobre la base de que la nulidad de actuaciones constituye un **remedio extraordinario de muy estricta y excepcional aplicación** —dada la notoria conmoción procedimental que supone tanto para las partes como para el principio de celeridad o economía procesal que constituye una de las metas a cubrir como servicio público que aspira a satisfacer adecuadamente las pretensiones que en petición de amparo jurisdiccional se hacen a los órganos judiciales—, debe tenerse en cuenta que la indefensión (proscrita por el art. 24 CE) no nace de toda infracción de las reglas procesales sino tan sólo de aquella que se traduce en privación o limitación real del fundamental derecho de defensa (cfr. ST. Co 34/1991, de 14 de febrero), sin que pueda entenderse producida aquélla cuando (pese a la existencia de infracciones procesales) no se impide la aplicación efectiva del principio de contradicción mediante el adecuado desarrollo de la dialéctica procesal o cuando no se merman las oportunidades de la parte para alegar y probar lo que a su derecho convenga».*

2.
REGULACIÓN POR LA LOPJ Y LEC

La nulidad de las actuaciones se regula con carácter general en las siguientes normas:

- «De la nulidad de los actos judiciales», capítulo III, título III, libro III, **artículos 238 a 243 de la Ley Orgánica del Poder Judicial** (en adelante, LOPJ).

- «De la nulidad de las actuaciones», capítulo IX, título V, libro I, **artículos 225 a 231 de la Ley de Enjuiciamiento Civil** (en adelante, LEC).

> **A TENER EN CUENTA.** En cuanto a la regulación de esta materia, no hay que olvidar el carácter supletorio que con carácter general se le atribuye a la LEC, cuando en su artículo 4 señala que «En defecto de disposiciones en las leyes que regulan los procesos penales, contencioso-administrativos, laborales y militares, serán de aplicación, a todos ellos, los preceptos de la presente Ley». Lo anterior supone la posibilidad de aplicar el procedimiento de nulidad de actuaciones, en procedimientos diferentes del civil siempre que no exista norma específica aplicable.

La **LEC**, como se infiere de su exposición de motivos, **regula la nulidad de los actos procesales determinando los supuestos de nulidad radical o de pleno derecho y manteniendo el sistema ordinario de denuncia de los casos** de nulidad radical a través de los recursos o de su declaración, de oficio, antes de dictarse resolución que ponga fin al proceso.

No obstante lo anterior, se reafirma la **necesidad**, ya declarada por el Tribunal Constitucional, «**de un remedio procesal específico para aquellos casos en que la nulidad radical, por el momento en que se produjo el vicio que la causó, no pudiera ser declarada de oficio ni denunciada por vía de recurso**, tratándose, sin embargo, de defectos graves, generadores de innegable indefensión».

Así pues, añade que, si bien es verdad que, **mediante el incidente excepcional de nulidad de actuaciones pueden verse afectadas sentencias y otras resoluciones finales, que han de considerarse firmes**, también lo es que «el legislador no puede, en aras de la firmeza, cerrar los ojos a la antecedente nulidad radical, que afecta a la resolución, con todas sus características y efectos».

En este sentido, señala la exposición de motivos de la LEC que:

> «En los casos previstos como base del remedio excepcional de que ahora se trata, **no se está ante una causa de rescisión de sentencias firmes y no ha parecido oportuno mezclar la nulidad con esas causas** ni se ha considerado conveniente, para una tutela judicial efectiva, seguir el procedimiento establecido a los efectos de la rescisión ni llevar la nulidad al órgano competente para aquélla.
>
> Aunque, como respecto de otros derechos procesales, siempre **cabe el riesgo de abuso de la solicitud excepcional de nulidad de actuaciones**, la Ley previene dicho riesgo, no sólo con la cuidadosa determinación de los casos en que la solicitud puede fundarse, sino con otras reglas: no suspensión de la ejecución, condena en costas en caso de desestimación de aquélla e imposición de multa cuando se considere temeraria. Además, los tribunales pueden rechazar las solicitudes manifiestamente infundadas mediante providencia sucintamente motivada, sin que en esos casos haya de sustanciarse el incidente y dictarse auto».

Diferencias en la regulación de la nulidad de las actuaciones en la LOPJ y en la LEC

En relación con la nulidad de las actuaciones, los términos de su regulación en la LOPJ y en la LEC coinciden prácticamente en su totalidad, apreciándose una única diferencia sustancial en la enumeración que hacen ambas normas de los actos que han de considerarse nulos de pleno derecho. Así pues, sin perjuicio de su estudio más detallado posteriormente en otros temas, cabe señalar aquí como **supuestos de nulidad previstos en el artículo 238 de la LOPJ** los seis casos siguientes, que implicarán que los actos procesales sean nulos de pleno derecho, cuando:

- Se produzcan **por o ante tribunal con falta de jurisdicción o de competencia objetiva o funcional.**
- Se realicen **bajo violencia o intimidación.**
- Se **prescinda de normas esenciales del procedimiento**, siempre que, por esa causa, haya podido producirse **indefensión.**
- Se realicen **sin intervención de abogado**, en los casos en que la ley la establezca como preceptiva.
- Se celebren **vistas sin la preceptiva intervención del letrado de la Administración de Justicia.**
- En los **demás casos** en los que las leyes procesales así lo establezcan.

Estos supuestos se ven reforzados por la jurisprudencia, cuando la **sentencia del Tribunal Supremo n.º 455/2021, de 27 de mayo, ECLI:ES:TS:2021:2267**, señala en su fundamento de derecho segundo que «se entiende que para la concurrencia de la nulidad de actuaciones se exige no solo haber vulnerado normas esenciales de procedimiento, sino, además, copulativamente, que dicha inobservancia haya provocado indefensión».

¿Cómo se apreciará la falta de competencia objetiva?

El artículo 48 de la LEC señala que «La falta de competencia objetiva se apreciará de oficio, tan pronto como se advierta, por el tribunal que esté conociendo del asunto». Pero ¿qué ocurre en los casos en los que el tribunal que conozca el asunto en segunda instancia o en trámite de recurso de casación entienda que el tribunal ante el que se siguió la primera instancia carecía de competencia? Para estos casos, el ya mencionado artículo 48 de la LEC señala que el tribunal **decretará la nulidad de todo lo actuado,** dejando a salvo el derecho de las partes a ejercitar sus acciones ante la clase de tribunal que corresponda.

Con respecto a lo anterior resulta altamente ilustrativa la **sentencia del Tribunal Supremo n.º 253/2016, de 18 de abril, ECLI:ES:TS:2016:1650,** que reza con el tenor literal siguiente:

«Es cierto que el art. 48.2 LEC permite al tribunal apreciar de oficio la falta de competencia objetiva en cualquier momento del proceso:

"Cuando el tribunal que conozca del asunto en segunda instancia o en trámite de recurso extraordinario por infracción procesal o de casación entienda que el tribunal ante el que se siguió la primera instancia carecía de competencia objetiva, decretará la nulidad de todo lo actuado, dejando a salvo el derecho de las partes a ejercitar sus acciones ante la clase de tribunal que corresponda".

Pero, como aclaramos en aquellas Sentencias 241/2015, de 6 de mayo, y 531/2015, de 14 de octubre,"si la **falta de competencia objetiva no ha sido denunciada oportunamente mediante la declinatoria, no es preciso que el tribunal tenga que extenderse en la justificación de su propia competencia objetiva, incluso en el caso de que alguna de las partes haya pedido que haga uso de su facultad de declarar de oficio su propia falta de competencia".**

En un supuesto como el presente, después de que se hubiera suscitado la cuestión acerca de la competencia objetiva por el juzgado mercantil y que éste hubiera resuelto a favor del juzgado de primera instancia, siendo aceptado por la demandante, ahora recurrente, que no interpuso la declinatoria de competencia ante el juzgado de primera instancia que conoció del asunto, no cabe que, dictada la sentencia de primera instancia, y a la vista de la reseñada Sentencia 539/2012, de 10 de septiembre, dicha demandada plantease la nulidad de actuaciones por falta de competencia objetiva en el recurso de apelación ni que vuelva a reiterarlo ahora, en el recurso extraordinario por infracción procesal.

Si lo admitiéramos, estaríamos sancionando indebidamente a la demandante, a quien no se le puede imputar una actuación incorrecta, pues intentó en su día que conociera del asunto el juzgado mercantil, y fue ante la negativa de éste y a la vista del criterio de la Audiencia, qué presentó la demanda ante el juzgado de primera instancia, sin que la demandada formulara objeción alguna en primera instancia. A la vista de esas circunstancias, al demandante no se le podía exigir otro comportamiento procesal para hacer valer su derecho a la tutela judicial efectiva. No está justificado que, por el posterior afloramiento de una jurisprudencia del Tribunal Supremo sobre la competencia objetiva en estos casos, se declaré ahora la nulidad y se someta a la demandante a un peregrinaje de tribunales, volviendo a comenzar por donde lo intentó al principio y los tribunales no le dejaron».

RESOLUCIONES RELEVANTES

Sentencia de la Audiencia Provincial de Madrid n.º 517/2007, de 8 de junio, ECLI:ES:APM:2007:6875

«Ahora bien, establecidos tales presupuestos, para que pueda estimarse la falta de competencia objetiva han de seguirse los trámites que el artículo 48 de la Ley de Enjuiciamiento Civil establece, y si bien es cierto que el mencionado precepto en su apartado primero dispone que "se apreciará de oficio, tan pronto como se advierta, por el tribunal que esté conociendo del asunto", por lo que nada impedía su apreciación, pese a no haberse admitido a trámite la correspondiente declinatoria planteada. Sin embargo, la apreciación de oficio ha de seguir los trámites del artículo 48 ya citado, es decir, al entender la juzgadora de instancia que la competencia correspondía al orden jurisdiccional social debió, una vez concluido el juicio, o en el mismo acto "oír a las partes y al Ministerio Fiscal por plazo común de diez días", y una vez concluido el plazo de alegaciones dictar el correspondiente auto declarando la falta de competencia objetiva (artículo 48.4). Pero lo que no puede ser de recibo es apreciar la falta de competencia objetiva mediante sentencia con absolución en la instancia, sin el previo y preceptivo traslado a las partes y al Ministerio Fiscal, pues las sentencias absolutorias en la instancia no tienen cabida tras la entrada en vigor de la Ley 1/2000.

En consecuencia, al apreciarse de oficio la falta de competencia objetiva en la sentencia, se ha actuado en contra de lo establecido en la Ley procesal, contraviniendo el principio de legalidad procesal del artículo 1 Ley de Enjuiciamiento Civil, al ordenar tanto a los órganos jurisdiccionales, como a todos los que acudan e intervengan en el proceso (ante aquéllos) el deber de actuar con arreglo a lo dispuesto en esta Ley, lo que, a su vez, se reitera en el artículo 9.1 de la LOPJ.

La reacción jurídica adecuada a estos defectos es, en ocasiones, la subsanación, como manifestación del principio de tutela judicial efectiva, incompatible con un proceso que tenga más dilaciones que las debidas (artículo 24.2 de la Constitución Española), y por lo tanto cuando la infracción procesal se comete en la propia sentencia de primera instancia, lo procedente, como regla general, es que el Tribunal de apelación, en lugar de mandar reponer las actuaciones al estado y momento en que se hubiera cometido la falta, con reenvío de aquellas al órgano judicial a quo, es dejar sin efecto la resolución viciada y dictar la procedente, eliminando de tal forma los defectos. Tal y como, para la apelación, se dispone el artículo 465.2 de la Ley 1/2000 (STS 6 de junio de 2006).

Lo que, por otra parte, se corrobora en cuanto a la falta de competencia objetiva en el artículo 48.2 y 3 de la Ley de Enjuiciamiento Civil. Es decir, este Tribunal podría dejar sin efecto la sentencia de instancia y proceder de la forma prevenida en el citado precepto y párrafos. Ahora bien, en los presente rollo de apelación la parte apelante no se ha personado en el recurso, a los efectos del artículo 463 de la Ley de Enjuiciamiento Civil, por lo que se ha de entender, con la finalidad de garantizar el derecho de defensa para ambas partes, que no procede la subsanación, sino que se ha de acordar la nulidad de la sentencia de primera instancia, para que en el procedimiento verbal, en el Juzgado de Primera Instancia n.º 5 de Fuenlabrada, se proceda de conformidad a lo establecido en el artículo 48.1 y 3 de la Ley de Enjuiciamiento Civil, dando traslado a las partes y al Ministerio Fiscal y resolviendo conforme a lo establecido en el artículo 48.4».

Sentencia de la Audiencia provincial de Almería n.º 449/2023 de 9 de mayo, ECLI:ES:APAL:2023:730

«"El carácter de "ius cogens" de las normas reguladores de la competencia objetiva exige el examen de oficio de tal competencia por el órgano jurisdiccional que conozca del asunto, razón por la que (…) la Sala habrá de abstenerse de conocer si, oído el Ministerio Fiscal y las partes personadas, se considera incompetente "ratio materiae", previniendo entonces a las partes usen su derecho ante quien corresponda"».

A su vez, el demandado o cualquiera que pueda ser parte legítima en el juicio, cuentan con la **declinatoria** para denunciar la falta de jurisdicción y de competencia de todo tipo (art. 63 de la LEC), si bien hay que señalar que pese a que dicho artículo señala la declinatoria como instrumento a instancia de parte para denunciar la falta de competencia de todo tipo, **para denunciar la falta de competencia funcional lo más idóneo, por el momento procesal en que puede llegar a manifestarse, sería acudir a la nulidad de actuaciones.**

A TENER EN CUENTA. El RD-ley 6/2023, de 19 de diciembre, modifica los artículos 48 y 463 de la LEC, con entrada en vigor el 20/03/2024. Con esta modificación, en lo relativo al art. 48, apartado segundo, se suprime la regulación relativa al recurso extraordinario por infracción procesal; y, en cuanto al art. 463, se procede a la regulación de la ejecución provisional de la resolución recurrida.

También se ve modificado el apartado 2 del artículo 465 LEC estableciendo que en el supuesto en el que no se produjese la celebración de la vista, «el auto o sentencia habrán de dictarse en el plazo de un mes a contar desde el día siguiente a cual se hubiesen evacuado los trámites del art. 461» de la misma ley.

3.2. Cuando se realicen bajo violencia o intimidación

De acuerdo con el artículo 238.2.º de la LOPJ (también art. 225.2.º de la LEC):

«Los actos procesales serán **nulos de pleno derecho** en los casos siguientes:
(…)
2.º **Cuando se realicen bajo violencia o intimidación**».

La nulidad de todas o de parte de las actuaciones podrá declararse, con carácter general, por el juzgado o tribunal, de oficio o a instancia de parte, si bien, en caso de recurso, si en él no se solicita la nulidad no podrá decretarse aquella de oficio. Esta regla tiene como excepción, además del caso de falta de jurisdicción o competencia ya examinado, el de haberse producido violencia o intimidación que afectase al tribunal (art. 240 de la LOPJ).

RESOLUCIÓN RELEVANTE

Sentencia de la Audiencia Provincial de Cantabria n.º 72/2023, de 10 de marzo, ECLI:APS:2023:769

«El apartado 2 del artículo 225 de la Ley de Enjuiciamiento Civil y del artículo 238 de la Ley Orgánica del Poder Judicial, declaran la nulidad de los actos procesales

*realizados bajo **violencia** o **intimidación**. Por otro lado, se ha dejado al margen el error, que puede ser subsanado a través de otros mecanismos, como la aclaración o complemento de autos y sentencias (artículos 214 y 215 de la Ley de Enjuiciamiento Civil de 2000).*

*En cualquier caso, el **error** es **irrelevante** como causa de nulidad de los actos procesales. El acto procesal del Tribunal realizado bajo violencia o intimidación es radicalmente **nulo e insubsanable**, y por ello el artículo 226 de la LEC 1/2000 (equivalente al artículo 239 de la LOPJ) establece que "tan luego como se vean libres de ella, declararán nulo todo lo practicado y promoverán la formación de causa contra los culpables, poniendo los hechos en conocimiento del Ministerio Fiscal". Habrá que entender que cabe declarar dicha **nulidad** de **oficio**, incluso después de dictada sentencia, sin necesidad de que las partes promuevan el incidente excepcional de nulidad de actuaciones. Si se trata de actos de las partes, el tratamiento difiere ya que lógicamente es necesario acreditar la violencia o intimidación mediante cumplida **prueba**, y en este sentido se pronuncia el apartado 2 de los artículos 226 de la LEC 1/2000 y art. 239 de la Ley Orgánica del Poder Judicial.*

*En tales casos habrá que hacer **valer dicha circunstancia** a través del oportuno incidente de **nulidad de actuaciones** antes de que haya recaído sentencia; en otro caso, a través del recurso de apelación, del recurso de casación, del procedimiento para la rescisión de sentencias dictadas en rebeldía (antiguo recurso extraordinario de audiencia al rebelde) o del juicio de revisión de sentencias firmes. Si no es posible acudir a dichos recursos o cauces procesales, podrá formularse en su caso el incidente excepcional de nulidad de actuaciones».*

Pero ¿cuándo se considera que hay intimidación? El artículo 1267 del CC establece que «Hay intimidación cuando se inspira a uno de los contratantes el temor racional y fundado de sufrir un mal inminente y grave en su persona o bienes, o en la persona o bienes de su cónyuge, descendientes o ascendientes». En este sentido, la **sentencia del Tribunal Supremo n.° 356/2016, de 30 de mayo, ECLI:ES:TS:2016:2308**, considera que «(...) la intimidación consiste en un estado de temor de sufrir un mal, injustamente provocado, que determina una declaración de voluntad, como medio de evitar el mal temido. De tal manera que al sujeto intimidado se le coloca en la tesitura de tener que elegir entre dos males: el mal con el que se le amenaza o el mal que supone concluir el contrato (que no se quiere, o no en esas condiciones). A su vez, la actuación de quien inspira el temor ha de ser ilícita, por contravenir las normas jurídicas o ejercerse abusivamente el propio derecho». Así pues, añade que hay intimidación cuando se dan los siguientes requisitos:

- Un contratante presta el consentimiento en un estado de temor racional y fundado.

- Este temor deriva de una amenaza de un mal cualificado.

- Nexo causal entre la amenaza y el consentimiento prestado.

- La amenaza ha de ser dolosa o culposa.

- La amenaza tiene carácter injusto.

- Ha de ser provocada por el otro contratante o por un tercero.

Y, ¿cuándo se considera que hay violencia? De acuerdo con la definición contenida en el artículo 1267 del CC: «hay violencia cuando para arrancar el consentimiento se emplea una fuerza irresistible».

de actuaciones causante de indefensión, al generar un real menoscabo del derecho fundamental a la obtención de tutela judicial efectiva, en su vertiente de derecho de defensa, que reconoce el artículo 24.1 de la CE, al impedir el examen por el tribunal del motivo de impugnación articulado por la parte apelante en su recurso, motivo que atiende a un supuesto error de valoración de dicho conjunto probatorio en que habría incurrido la jueza de instancia, con incidencia en la resolución dada por la misma a las cuestiones debatidas en el proceso. En el mismo sentido se pronuncia la **Audiencia Provincial de Jaén** en su sentencia n.° 219/2007, de 2 de octubre, ECLI:ES:APJ:2007:1108.

Análisis de la jurisprudencia del Tribunal Constitucional sobre la nulidad de los actos procesales cuando se prescinda de normas esenciales del procedimiento, siempre que, por esa causa, haya podido producirse indefensión

La sentencia del Tribunal Superior de Justicia de Madrid n.° 1029/2023, de 17 de noviembre, ECLI:ES:TSJM:2023:12446, nos recuerda que:

«es doctrina consolidada del Tribunal Constitucional la relativa a que a) la nulidad de actuaciones procesales constituye un **remedio extraordinario** de muy **estricta y excepcional aplicación** dada la notoria conmoción procedimental que supone tanto para las partes como para el principio de celeridad y economía procesal, que constituye una de las metas a cubrir como servicio público que aspira a satisfacer adecuadamente las pretensiones que en petición de amparo jurisdiccional se hacen a los órganos judiciales, por lo que su estimación queda condicionada al **cumplimiento** de unos **estrictos condicionamientos** que han de ser analizados en el **caso concreto** y no de forma general, sin que la no concurrencia de alguno de ellos, de carácter formal en todo caso, sea constitutivo de **indefensión**, por cuanto la indefensión constitucionalmente prohibida es la **material** y **no** la **formal**"; b) que "la indefensión es un concepto fundamentalmente **procesal** que se concreta en la **posibilidad** de **acceder** a un **juicio contradictorio** en el que las partes, alegando y probando cuanto estiman pertinente, pueden hacer valer en condiciones de igualdad sus derechos e intereses legítimos" (Ss. TC 156/85; 64/86; 89/86; 12/87; 171/91 y ATC 190/83; c) que "el concepto constitucional de indefensión tiene un contenido eminentemente **material**, lo cual impide apreciar lesión del artículo 24.1 de la CE, cuando por circunstancia del caso pueda deducirse que el afectado tuvo oportunidad de defender sus derechos e intereses legítimos" (SSTCO215/89 y 15.2.93) y que "para que exista vulneración del derecho reconocido en el artículo 24.1 de la CE **no basta** el **mero incumplimiento formal** de **normas procesales**, ni basta cualquier infracción o irregularidad procesal cometida por los órganos judiciales sino que de las mismas ha de derivarse un perjuicio material para el interesado, esto es, ha de tener una **repercusión real** sobre sus posibilidades efectivas de defensa y contradicción, pues no toda infracción o irregularidad procesal cometida por los órganos judiciales provoca, en todos los casos la eliminación o discriminación sustancial de derecho que corresponden a las partes en el proceso" (STC 124/94)».

Es altamente ilustrativa y cabe traer a colación en este contexto la **sentencia del Tribunal Constitucional n.º 26/2020, de 24 de febrero, ECLI:ES:TC:2020:26**, en la que se analiza la notificación edictal y derecho a la tutela judicial efectiva. En este caso **el TC estima los recursos de amparo y en consecuencia declara que se ha vulnerado el derecho del demandante a la tutela judicial efectiva sin indefensión y a un proceso con todas las garantías** por lo que, declara la nulidad del auto de despacho de ejecución y el auto que desestimó el incidente de nulidad de actuaciones interpuesto contra la primera resolución, además, se declara la nulidad del auto desestimatorio de la petición de revocación de la certificación de título ejecutivo europeo y contra el auto del mismo juzgado de 31 de julio de 2014. En consecuencia, **en este caso se ha de retrotraer las actuaciones al momento anterior al dictado del auto de despacho de ejecución de 26 de octubre de 2009, para que se tramite de nuevo todo el procedimiento ejecutivo de forma respetuosa con los derechos fundamentales cuya vulneración se declara**. La mencionada sentencia reza el tenor literal siguiente:

«La excepcionalidad del recurso a la notificación edictal, hace recaer sobre los órganos judiciales la responsabilidad de velar por la correcta constitución de la relación jurídico-procesal, sin que ello signifique exigir al juez o tribunal correspondiente el despliegue de una desmedida labor investigadora (por todas, SSTC 136/2014, de 8 de septiembre, FJ 2, y 15/2016, de 1 de febrero, FJ 2, y jurisprudencia citada en este fundamento jurídico). Lo que si exige es el "empleo de cuantos medios obren al alcance del órgano judicial, de suerte que a la vista de los ordenados quepa cabalmente concluir que se han agotado las posibilidades de localización y, por tanto, de notificación personal al demandado". Como última precisión, cabe destacar que, "en aquellos supuestos en que el domicilio del demandado se encontraba en el extranjero, el Tribunal Constitucional ha mantenido esta misma doctrina, otorgando el amparo tanto en los casos en que el órgano judicial no había practicado el emplazamiento de aquel en el domicilio situado fuera del territorio nacional, que constaba en las actuaciones (SSTC 150/2016 de 19 de septiembre, 151/2016, de 19 de septiembre, 6/2017, de 16 de enero, y 268/2000, de 13 de noviembre), como en aquellos otros en que el demandado había sido emplazado por edictos, sin haber agotado el juez previamente los instrumentos de búsqueda a su alcance (STC 143/1998, de 30 de junio)" (STC 50/2017, de 8 de mayo, FJ 3).

Este especial deber de diligencia, o responsabilidad, tiene particular importancia en el proceso de ejecución (en este sentido, véase la STC 56/2001, de 26 de febrero, FJ 2) que, es precisamente, el que nos interesa en el actual recurso de amparo. Y es que, respecto de los procedimientos de ejecución, el tribunal ha venido diciendo que "nuestra doctrina impone, con absoluta claridad, que la interdicción de la indefensión consagrada en el art. 24.1 CE implique a los órganos judiciales en el deber de velar porque quienes ostenten algún derecho o interés legítimo en un proceso de ejecución, aunque no hayan sido parte en el proceso principal, puedan comparecer y ser oídos en el mismo para garantizar su defensa, sin perjuicio del pronunciamiento que pueda recaer y de la posible existencia de otras acciones que puedan corresponder a los afectados" (SSTC 43/2010, de 26 de julio, FJ 2; 79/2013, de 8 de abril, FJ 2; 190/2014, de 17 de noviembre, FJ 2, y 208/2015, de 5 de octubre, FJ 3).

Teniendo presentes todas estas consideraciones generales, a la hora de evaluar cuando la ausencia de notificación personal suplida por una notificación edictal se califica como lesiva del derecho a la tutela judicial efectiva sin indefensión (art. 24.1 CE), el Tribunal analizará cuatro presupuestos, tal y como se sintetiza en el fundamento jurídico 2 de la STC 136/2014, de 8 de septiembre: "1) La titularidad por el demandante de amparo, al tiempo de la iniciación del proceso, de un derecho e interés legítimo y propio, susceptible de afectación por la causa enjuiciada, en las resoluciones judiciales recurridas. La situación de interés legítimo resulta identificable con cualquier ventaja o utilidad jurídica derivada de la reparación pretendida; 2) La posibilidad de identificación del interesado por el órgano jurisdiccional; 3) El cumplimiento por el órgano judicial de su obligación constitucional de velar para que los actos de comunicación procesal alcanzasen eficazmente su fin, lo que significa, entre otras cosas, concebir los emplazamientos edictales como modalidades de comunicación de carácter supletorio y excepcional (STC 126/1999, de 28 de junio) o no presumir sin más que las notificaciones realizadas a través de terceras personas hayan llegado a conocimiento de la parte interesada cuando la misma cuestiona con datos objetivos que así haya sido (STC 113/2001, de 7 de mayo) y 4) Por último, que el recurrente en amparo haya sufrido como consecuencia de la omisión del emplazamiento una situación de indefensión real y efectiva, lo que no se da cuando el interesado tiene conocimiento extraprocesal del asunto y, por su propia falta de diligencia, no se persona en la causa. El conocimiento extraprocesal del litigio ha de verificarse mediante una prueba suficiente, que no excluye las reglas del criterio humano que rigen la prueba de presunciones".

La aplicación de la doctrina constitucional expuesta al caso enjuiciado lleva a apreciar la vulneración del derecho a la tutela judicial efectiva (art. 24.1 CE).

En primer lugar hemos de tener presente que el procedimiento de instancia, que da inicio a la vía judicial previa que culmina con la interposición del recurso de amparo núm. 4657-2014, es un proceso de ejecución instado ante el Juzgado de lo Mercantil núm. 1 de Burgos para dar cumplimiento a la parte dispositiva de una sentencia estimatoria del mismo órgano judicial, dictada en un proceso concluso en rebeldía del ahora recurrente en amparo. Por tanto, en este caso, se puede aplicar la exigencia de que el juzgador de instancia en el procedimiento de ejecución, procure la citación personal de todos los que pudieran ser parte interesada, aunque en el procedimiento principal no hubieran comparecido (SSTC 43/2014, de 26 de julio, FJ 2, y 208/2015, de 5 de octubre, FJ 3). Y ello para asegurar que quien posee interés legítimo en el procedimiento de ejecución pueda comparecer y ser oído, para garantizar su defensa.

No cabe duda de que el recurrente en amparo en el momento de iniciarse no ya el procedimiento ordinario cuya revisión no es objeto del presente recurso de amparo, sino el procedimiento de ejecución (esto es, el 24 de septiembre de 2009) ostentaba un legítimo interés en que su posición y alegaciones fueran oídas en el procedimiento, máxime cuando uno de los elementos que debían determinarse en ese procedimiento era la cuantía de la indemnización por daños y perjuicios que había de ser concretamente abonada al demandante en el procedimiento ordinario, esto es, a don

Gerardo Moreno de la Hija. A esta indemnización debían hacer frente solidariamente las tres personas (dos físicas y una jurídica) codemandadas en la instancia, siendo una de esas tres personas solidariamente responsables don Christopher Frank Carandini Lee.

Este interés legítimo del recurrente en amparo en participar en el procedimiento, por cuanto estaba en discusión la definición de la cuantía de una indemnización a la que, al menos en parte, debía hacer frente con su patrimonio personal, era fácilmente identificable por el órgano judicial, como sencillo era identificar al interesado en la medida en que sus datos personales, exceptuando su dirección, estaban en la causa y resultaba obvia la conexión de aquel con dicha causa.

A pesar de todo ello, **el órgano judicial no hizo ningún intento en absoluto para notificar personalmente al recurrente en amparo el inicio del procedimiento de ejecución, como no hizo intento alguno de averiguar una dirección particular del recurrente en amparo, que permitiera proceder a esa notificación personal**. Como se describe en los antecedentes, el 24 de septiembre de 2009, don Gerardo Moreno de la Hija instó la ejecución del título judicial que disponía a su favor el cobro de una indemnización que en ese momento no estaba aún determinada, librándose el auto de despacho de la ejecución con una cantidad determinada sin previa intervención de la contraparte. Los intentos de notificación personal de este auto no se refirieron nunca al recurrente en amparo, sino a las mercantiles Christopher Lee Web a través de su representante y "The Quaid Project Ltd.", respecto de las que se intentó notificación por correo certificado con acuse de recibo a las direcciones facilitadas por el ejecutante. En las actuaciones consta un documento completado a mano bajo el título "Relación de certificados con acuse de recibo" en el que figuran 3 casillas rellenas, una a nombre de The Quaid Project Ltd., otra a nombre de Christopher Lee Web y, bajo esta, una tercera con comillas, no figurando por tanto en la relación ningún certificado con acuse de recibo a nombre del recurrente. Como también consta en los antecedentes, incluso estos dos intentos de notificación fueron infructuosos.

Tampoco consta, como se resume en los antecedentes, que se librase comisión rogatoria alguna, conforme está previsto en el Reglamento (CE) núm. 1393/2007 del Parlamento Europeo y del Consejo, de 13 de noviembre de 2007, para proceder a la notificación personal al recurrente en amparo. La notificación conforme al Reglamento se inicia con un formulario que el órgano transmisor cumplimenta (art. 4.3 y anexo 1 del Reglamento) y en las actuaciones a la vista de este tribunal solo consta el formulario para la notificación de la sociedad Christopher Lee Web. Pero ni siquiera este fue un intento de notificación propicio, porque en el sistema de notificación por la vía del Reglamento 1393/2007, una vez que el organismo transmisor emite el formulario del anexo 1, el órgano receptor emite necesariamente un formulario de acuse de recibo en el plazo máximo de 7 días (art. 6.1 y anexo 1 del Reglamento). Y en las actuaciones no consta ningún formulario de acuse de recibo, no ya relativo al recurrente en amparo, sino a ninguno de los ejecutados.

Por tanto la notificación por edictos del auto despachando la ejecución, que se acuerda por providencia de 26 de abril de 2010, no fue una moda-

abogado de oficio, si así lo considera conveniente a la mejor defensa de sus derechos, **siendo procedente el nombramiento de abogado de oficio cuando se solicite y resulte necesario (STC n.º 215/2003, de 1 de diciembre, ECLI:ES:TC:2003:215).**

Por lo tanto, aplicando lo anteriormente expuesto a un caso en el que no se ofreció a la parte demandada, por ejemplo, la oportunidad de no ser asistida de letrado en el acto de la vista, **está claro que se vulneró el «el principio de igualdad de armas», sin que la labor del juez de facilitar la posibilidad de la demandada para que realizase alegaciones y propusiese prueba subsane la indefensión previa causada (sentencia de la Audiencia Provincial de Burgos, n.º 293/2016, de 27 de julio, ECLI:ES:APBU:2016:695).**

En este sentido y a modo de ejemplo, es interesante mencionar la **sentencia de la Audiencia Provincial de Las Palmas n.º 415/2003, de 19 de julio, ECLI:ES:APGC:2003:1708**, con el tenor literal siguiente:

> «(…) Ciertamente el proceso monitorio no se inicia con "demandada" pero, como ya hemos dicho, a los efectos posteriores de una reconversión a juicio verbal el escrito inicial gozará de tal carácter por lo que o se expresa en el mismo la asistencia letrada (y, en su caso representación procesal) o, **a fin de garantizar tal principio de igualdad de armas, debería la parte promovente una vez convocada la vista hacer saber al órgano judicial su voluntad de defensa técnica para su comunicación posterior a la demandada.** En cualquier caso omitidas aquellas circunstancias el órgano judicial, en cuanto garante de los derechos constitucionales, debería igualmente advertir en el acto de la vista a la parte contraria desasistida de defensa técnica tal derecho para, incluso con suspensión de la vista (art. 193.4 L.E.C. en relación con el art. 188.5º L.E.C. -imposibilidad absoluta del abogado) salvar el vicio procesal. Ello no obstante, resultaría conveniente advertir de tales derechos a ambas partes procesales en el propio auto que acordara la celebración de la vista a que se refiere el art. 818 L.E.C».

Otro ejemplo, en este caso sobre la no concurrencia del requisito para la solicitud de nulidad de actuaciones, en el supuesto en el que no es preceptiva la intervención de abogado, sería el que expone la **sentencia de la Audiencia Provincial de Alicante n.º 174/2005, ECLI:ES:APA:2005:1405**, en su fundamento primero, al decir que:

> «La presunta vulneración del art. 24 de la Constitución española no encuentra su origen en actuación alguna del órgano judicial, sino en el retraso del Abogado, que no se encontraba presente a la hora señalada; de modo que, como estaba previsto, el juicio comenzó, sin que él estuviera presente. Cualquier quiebra del Derecho de defensa que pudiera aducirse encontraría su origen en una actuación imputable al Abogado en cuestión.
>
> El art. 238.4º de la LOPJ dispone que los actos procesales serán nulos de pleno derecho cuando se realicen sin intervención de abogado, en los casos en que la Ley la establezca como preceptiva. Aparte de lo dicho en el párrafo anterior, en el caso que nos ocupa, y de conformidad con el art. 31.2.1º de la L.E.C.., no era necesaria la intervención de Abogado, con lo que tampoco concurre este requisito para que pudiera prosperar la solicitud de nulidad de actuaciones».

¿Qué ocurre cuando no comparece el procurador siendo preceptivo?

De acuerdo con el **artículo 432 de la LEC** las partes tendrán que comparecer en el juicio representadas por procurador y asistidas de abogado para entenderse que la comparecencia de la parte en el juicio ha sido correctamente efectuada. Además, cuando el tribunal lo acuerde de oficio, o a instancia de alguna de las partes, estas y sus representantes procesales deberán comparecer por videoconferencia o mediante el uso de medios electrónicos para la reproducción del sonido y de la imagen. Si bien, en caso de no comparecencia del procurador o procuradora y sin conocer la causa de ello y si tampoco fuese posible su localización, es preciso determinar si resulta proporcionada, y acorde con los derechos constitucionales de tutela judicial efectiva y defensa en juicio, la consecuencia de tener por no presente a la parte y privarle de cualquier intervención, como puede ser la práctica de la prueba.

A TENER EN CUENTA. El RD-ley 6/2023, de 19 de diciembre, modifica el artículo 432 de la LEC con entrada en vigor el 20/03/2024. Esta modificación incorpora la obligación de las partes y de sus representantes procesales de comparecer por videoconferencia o mediante el uso de medios electrónicos para la reproducción de imagen y sonido, atendiendo a los requisitos que establece el art. 137 bis LEC, cuando sea el tribunal quien lo acuerde de oficio o a instancia de alguna de las partes.

En este sentido se pronuncia el **Tribunal Supremo en su sentencia n.º 402/2016, de 15 de junio, ECLI:ES:TS:2016:2737**, exponiendo que la falta de asistencia del procurador o de la procuradora al acto de juicio, «cuando le consta el señalamiento y no alega causa justificada para ello, podrá comportar un incumplimiento de deberes profesionales de carácter estatutario y de las obligaciones propias de la relación de apoderamiento, pero **no ha de suponer la privación al litigante de toda posibilidad de defensa en juicio cuando el mismo está presente y asistido técnicamente de abogado**».

RESOLUCIONES RELEVANTES

Sentencia de la Audiencia Provincial de Barcelona n.º 183/2019, de 15 de marzo, ECLI:ES:APB:2019:3717.

«(…) resulta que el día señalado para la vista no compareció el Letrado de la parte actora, ni el actor, acordando el órgano judicial que conforme al art. 432 LEC se procediera a la celebración de la vista, sin que el Procurador de la parte actora manifestase causa alguna por la que no había comparecido el Letrado.

El día siguiente a la celebración de la vista la Letrada de la actora manifestó que el día señalado para la vista se encontraba de saliente de guardia con indisponibilidad telefónica móvil por tener actuaciones en el Juzgado de Guardia; que otro Letrado tenía el encargo de sustituirla en la vista pero que ese día padeció un desvanecimiento a primera hora de la mañana y que el día anterior cuando planteaban la estrategia procesal del acto de la vista ya se hallaba un poco indispuesto; que el expediente estaba en el despacho de dicho Letrado porque se lo había llevado el 20 de abril; y que obrando en el procedimiento numerosos informes médicos y documentación del proceso de incapacitación que se tramitó tenía a bien a fin de no causar más perjuicios solicitar que se dictase sentencia sin nuevo señalamiento de vista. Junto con el escrito se acompañó escrito del 2 de febrero de 2018 en que se comunicaba a la Letrada que le correspondía guardia el 22 de abril de 2018; documento acreditativo de asistencia a detenido el 23 de abril de 2018; e informe médico del 24 de abril de 2018 en que se decía que el Sr. Tomás había sido visitado el 23 de abril de 2018 por caída en la vía pública, presentando cervicalgia, lumbalgia, erosión en la rodilla derecha y TCE sin pérdida de conciencia.

La audiencia previa se había celebrado el 12 de marzo de 2018.

De lo expuesto resulta que la Letrada de la actora no solicitó que en atención a la imposibilidad de haber acudido a la vista se procediese a acordar la nulidad de lo actuado y a la celebración nuevamente de la vista a los efectos de interrogar a los testigos propuestos por la parte actora, sino que interesó que se procediese a dictar sentencia. Por ello no cabe imputar al órgano judicial vulneración del derecho de defensa cuando fue la propia parte la que solicitó que se dictase sentencia.

Además por lo que se refiere a la causa que motivó la inasistencia de la Letrada de la actora al acto de la vista resulta que cuando se celebró la audiencia previa y se señaló día para la vista, ya conocía que le había sido asignado día de guardia para el 22 de abril de 2018 y que por ello el día siguiente podría tener asistencias.

Por tanto la parte pudo solicitar que no se efectuase señalamiento el día 23 de abril de 2018 atendido que el protocolo de suspensión de actos judiciales dispone que 'La **asignación de un servicio de guardia a un abogado** *se considerará, a los efectos de aplicar las presentes normas, como un* **señalamiento.** *En consecuencia, un servicio de guardia asignado a un abogado deberá motivar que no señalen actos procesales para el período de guardia, o que se suspendan los actos procesales que se señalen después de haberse asignado el servicio de guardia al letrado y, del mismo modo, cuando se asigne el servicio de guardia después de que al abogado se le haya señalado una vista, ésta no se suspenderá, debiendo el abogado comunicarlo a su Colegio para que, en su caso, se modifique el día de la guardia. A estos efectos, la asignación de la guardia se entenderá hecha en la fecha de la carta o correo electrónico en que el Colegio informe al abogado de la asignación del servicio. El servicio de guardia impedirá que se señalen asuntos al abogado durante la duración de la misma y, además, durante los tres días hábiles siguientes a su terminación'.*

En consecuencia, la celebración de la vista sin la presencia de la Letrada de la actora **no lo fue por causas imputables al órgano judicial,** *puesto que no se puso en conocimiento del mismo la imposibilidad de asistir a la vista por tener señalado servicio de guardia, ni el Procurador de la parte tenía conocimiento de que la Letrada no asistiría a la vista y sería sustituida por otro Letrado, ni este le comunicó la imposibilidad de acudir al acto de la vista, cuando según el informe médico aportado a las 9:30 del día de la vista ya había sido visitado.*

Por ello no cabe apreciar vulneración del derecho de defensa atribuible al órgano judicial y debe desestimarse el recurso de apelación respecto a dicho extremo».

Sentencia de la Audiencia Provincial de Córdoba n.º 209/2018, de 19 de marzo, ECLI:ES:APCO:2018:698.

«La norma del artículo 432 LEC —que se considera infringida— es clara al requerir la presencia de procurador y letrado para que la comparecencia de la parte en el juicio pueda entenderse correctamente efectuada. No obstante, ante una situación como la que se dio en el caso presente en que, sin conocimiento de la causa motivadora por la parte ni por su abogado, no comparece la procuradora y no es posible su localización, es preciso determinar si resulta proporcionada, y acorde con los derechos constitucionales de tutela judicial y defensa en juicio, la consecuencia de tener por no presente a la parte y privarle de cualquier intervención, incluida la práctica de la prueba que se

> *le había admitido y que podía llevarse a cabo en ese momento sin detrimento alguno de derechos para la contraria.*
>
> *La inasistencia del procurador al acto del juicio, cuando le consta el señalamiento y no alega causa justificada para ello, podrá comportar incumplimiento de deberes profesionales de carácter estatutario y de las obligaciones propias de la relación de apoderamiento, con las consecuencias a que haya lugar —incluso el artículo 553-3° LOPJ prevé la incomparecencia como generadora de posible responsabilidad disciplinaria exigible por el tribunal— pero no ha de suponer la privación al litigante de toda posibilidad de defensa en juicio cuando el mismo está presente y asistido técnicamente por abogado».*

Si bien, la Audiencia Provincial de Madrid **ha decretado la nulidad de actuaciones en un caso en que el letrado de la Administración de Justicia no trasladó a las partes la muerte de su procurador para que procedieran a nombrar otro en el plazo de 10 días**, tal y como se señala en el artículo 30.1.3.° de la LEC, según la audiencia, el no haberlo hecho así ha podido dar directamente lugar a la falta de personación de la parte actora con representación procesal y defensa de letrado en el acto del juicio, lo que produce, como ya se ha dicho, la nulidad del respectivo juicio y de la sentencia dictada, al darse los presupuestos del artículo 225.3.° de la LEC: **haberse prescindido de las normales esenciales del procedimiento**, y el artículo 30 de la LEC es esencial, porque de su cumplimiento puede depender la prosecución con todas las garantías del proceso para el litigante cuyo representante procesal ha fallecido, con indefensión por esa causa, que en el caso enjuiciado por la Audiencia Provincial de Madrid ha podido producirse, pues se desconoce que los actores hubiesen sabido del fallecimiento del procurador y hubiesen decidido desentenderse del pleito entablado (**sentencia de la Audiencia Provincial de Madrid n.° 37/2017, de 26 de enero, ECLI:ES:APM:2017:523**).

En este sentido, hay que señalar que en ningún caso hay que confundir **la comparecencia en juicio, que debe ser por medio de procurador y con asistencia de abogado**, con la **comparecencia a la audiencia previa, ya que la comparecencia a esta última, podrá efectuarla la parte personalmente, sin necesidad de que asista a la misma el procurador, y para el caso de que sí asista procurador** deberá tener otorgado a su favor poder especial para renunciar, allanarse o transigir, pero ello será siempre que se haya cumplido antes la necesaria comparecencia o personación en los autos por medio de procurador legalmente habilitado para actuar en el tribunal que conozca del juicio (**sentencia de la Audiencia Provincial de Baleares n.° 6/2005, de 10 de enero, ECLI:ES:APIB:2005:12**).

Mientras que, en sentido totalmente opuesto, se pronuncia la **Audiencia Provincial de Madrid en su auto n.° 345/2006, de 4 de diciembre, ECLI:ES:APM:2006:14545A**, que señala que, **el posicionamiento de la Ley de Enjuiciamiento Civil en cuanto a la necesidad de la representación a ultranza a través de procurador, fuera de los casos expresamente excluidos, es también aplicable a la propia audiencia previa**, siempre que el artículo 414 de la LEC se lea desde los criterios establecidos, a la hora de interpretar las normas, por el art. 3.1 del CC.

Y así, lo que pretende establecer, y lo que realmente establece el artículo 414 de la LEC es la posibilidad de que, comparecidas las partes por sí mismas, puedan transigir, renunciar o allanarse aun cuando el procurador no tenga poder especialísimo al respecto, pero sí estando presente en la audiencia previa con el poder general que le posibilitó para representar a la parte, ofreciendo también la posibilidad el art. 414.2 de la LEC de que no comparezcan las partes pero que sí lo haga el procurador con poder especial, que es el que se recoge en el artículo 25 de la LEC. En este sentido, **es esencial el inicio del párrafo segundo del artículo 414.2 de la LEC, cuando establece que «al efecto del intento de arreglo o transacción cuando las partes no comparecen personalmente sino a través de su procurador, habrán de otorgar a este poder para renunciar, allanarse o transigir.** Si no concurrieren personalmente ni otorgaren aquel poder, se les tendrá por no comparecidos a la audiencia», pues la audiencia previa tiene otras muchas finalidades que recoge la propia ley procesal, como son el examen y resolución de las cuestiones procesales con exclusión de las relativas a la jurisdicción y competencia, los problemas de defecto de capacidad y representación y la propia declaración de rebeldía, la posible integración voluntaria de la litis y la resolución en los casos controvertidos de litisconsorcio, las resoluciones en los casos de litispendencia o cosa juzgada, entre otros muchos supuestos, al igual que en la propia audiencia se propondrá la prueba y se declarará su pertinencia, librándose, obviamente, los oportunos despachos que en la generalidad de los casos tendrán que ser cumplimentados por el procurador.

Por lo tanto, **señala la Audiencia Provincial de Madrid que la presencia del procurador es imprescindible en la audiencia previa desde la normativa general de la Ley de Enjuiciamiento Civil, y dando al artículo 414.2 de la LEC la interpretación que merece**, que ha de ser una interpretación sistemática, de una parte, y de otra teniendo en cuenta la propia voluntad de la ley, el espíritu de la Ley de Enjuiciamiento Civil a la hora de configurar la comparecencia en juicio de las partes y la necesaria presencia, salvo los supuestos legalmente establecidos, del procurador, técnico en derecho que va a representar a la parte misma y va a posibilitar la buena marcha de la Administración de Justicia.

3.5. Cuando se celebren vistas sin la preceptiva intervención del letrado de la Administración de Justicia

Entre los casos de nulidad, el artículo 225.5.º de la LEC e, igualmente, el artículo 238.5.º de la LOPJ, contemplan la **nulidad de pleno derecho** de los actos procesales en aquellos casos en que **se celebren vistas sin la preceptiva intervención del letrado de la Administración de Justicia (LAJ)**.

> **A TENER EN CUENTA.** Esta causa de nulidad no se contemplaba en la redacción originaria de los artículos 225 de la LEC y 238 de la LOPJ. Se incorpora, en el primer caso, por la Ley 13/2009, de 3 de noviembre y, en el segundo, por la Ley Orgánica 19/2003, de 23 de diciembre.

Dentro de las funciones del letrado de la Administración de Justicia se encuentra la **fe pública judicial**, señalando el artículo 145.1 de la LEC que «Corresponde al Letrado de la Administración de Justicia, con exclusividad y plenitud, el ejercicio de la fe pública judicial en las actuaciones procesales».

En el mismo sentido, cabe citar el artículo 453 de la LOPJ. Ambos preceptos, contemplan, dentro del ejercicio de aquella función, la **obligación del LAJ de dejar constancia fehaciente de la realización de actos procesales en el tribunal o ante este y de la producción de hechos con trascendencia procesal**, mediante las oportunas actas y diligencias cualquiera que sea el soporte que se utilice.

Pues bien, en consonancia con dicha función y considerando la vista como acto procesal del que ha de dejar constancia, puede presuponerse, de una u otra forma, la intervención del LAJ en su celebración.

> **CUESTIÓN**
>
> **¿Se puede suspender la celebración de la vista en caso de indisposición del LAJ?**
>
> Sí, siempre y cuando que no pueda ser sustituido, ya que es una de las causas de suspensión contemplada en el artículo 188.1 de la LEC: «por faltar el número de magistrados o magistradas necesario para dictar resolución o por indisposición sobrevenida del juez, la jueza o el letrado o letrada de la Administración de Justicia, si no pudiere ser sustituido o sustituida».

Pero **¿cómo se concretará dicha intervención?** A raíz de la modificación operada por la Ley 13/2009, de 3 de noviembre, de reforma de la legislación procesal para la implantación de la nueva Oficina judicial, las actuaciones se documentarán por medio de actas y diligencias garantizando el LAJ la autenticidad de lo grabado o reproducido en caso de que se utilicen medios técnicos de este tipo. Se considerará acta, a estos efectos, el documento electrónico generado cuando el LAJ disponga de firma electrónica reconocida u otro sistema de seguridad.

En relación con lo anterior la exposición de motivos de la citada Ley 13/2009, de 3 de noviembre, señalaba:

> «En materia de documentación de las actuaciones, entre ellas las vistas y fe pública, han sido objeto de modificación los artículos 145 a 148 de la Ley de Enjuiciamiento Civil. Era precisa la modificación para adaptar estos preceptos a la dicción de la Ley Orgánica del Poder Judicial, que concretó los principios en que se inspira la labor de los Secretarios judiciales cuando realizan sus funciones de dación de fe, de modo que **las ejercen con exclusividad y plenitud** (artículo 145 de la Ley de Enjuiciamiento Civil en relación con el artículo 453.1 de la Ley Orgánica del Poder Judicial). En general, los artículos arriba mencionados no son sino adaptación al articulado de la Ley Orgánica del Poder Judicial. Sin embargo, en el artículo 146 se prevé la **utilización de la firma electrónica reconocida u otro sistema de seguridad en la grabación de las vistas, audiencias y comparecencias, de forma que quede garantizada la autenticidad e integridad de lo grabado.** En este sentido, se establece que el documento electrónico que contenga la grabación, siempre que incorpore la firma electrónica reconocida del Secretario judicial, constituirá el **acta a todos los efectos** (...)».

> **A TENER EN CUENTA.** La referencia a «Secretario judicial» realizada en el párrafo anterior, ha de entenderse hecha a «letrado de la Administración de Justicia».

Establecida la intervención en la vista del LAJ en los términos señalados, hay que tener presente la **posibilidad de que se celebren vistas sin su presencia**. En este sentido, señala el **artículo 453.1, párrafo segundo, de la LOPJ** lo siguiente:

> «Cuando se utilicen medios técnicos de grabación o reproducción, las vistas se podrán desarrollar sin la intervención del Letrado de la Administración de Justicia, en los términos previstos en la ley. En todo caso, el Letrado de la Administración de Justicia garantizará la autenticidad e integridad de lo grabado o reproducido».

Asimismo, añade el **artículo 147, párrafo segundo, de la LEC** que, siempre y cuando, se cuente con medios tecnológicos necesarios, los letrados de la Administración de Justicia garantizarán la autenticidad e integridad de lo grabado o reproducido. A tal efecto, el letrado o letrada de la Administración de Justicia hará uso de la firma electrónica u otro sistema de seguridad que conforme a la ley ofrezca tales garantías. En este caso, la celebración del acto no requerirá la presencia en la sala del letrado o letrada de la Administración de Justicia salvo que lo hubieran solicitado las partes, al menos dos días antes de la celebración de la vista, o que excepcionalmente lo considere necesario el letrado letrada de la Administración de Justicia atendiendo a la complejidad del asunto, al número y naturaleza de las pruebas a practicar, al número de intervinientes, a la posibilidad de que se produzcan incidencias que no pudieran registrarse, o a la concurrencia de otras circunstancias igualmente excepcionales que lo justifiquen. En estos casos, el letrado o letrada de la Administración de Justicia extenderá acta sucinta en los términos previstos en el artículo 146 de la LEC.

> **A TENER EN CUENTA.** Los artículos 146 y 147 de la LEC han sido modificados por el Real Decreto-ley 6/2023, de 19 de diciembre, que entra en vigor el 20 de marzo de 2024.

3.6. Cuando se resolvieran mediante diligencias de ordenación o decreto cuestiones que, conforme a la ley, hayan de ser resueltas por medio de providencia, auto o sentencia

A falta de previsión expresa en el artículo 238 de la LOPJ, el artículo 225 de la LEC, tras la reforma operada por la Ley 13/2009, de 3 de noviembre, contempla como caso de nulidad de pleno derecho el siguiente:

> «Los actos procesales serán nulos de pleno derecho en los casos siguientes:
> (…)
> 6.º Cuando se resolvieran mediante diligencias de ordenación o decreto cuestiones que, conforme a la ley, hayan de ser resueltas por medio de providencia, auto o sentencia».

Por lo tanto, en aquellos casos en que haya de resolver un órgano jurisdiccional en cualquiera de sus formas —providencia, auto o sentencia— pero, aun estando legalmente previsto, haya resuelto el letrado de la Administración de Justicia mediante diligencia de ordenación o decreto, se declarará la nulidad de pleno derecho de los actos procesales de que se trate.

A estos efectos cabe tener en cuenta en qué supuestos ha de recaer cada una de las resoluciones citadas. Así pues, conforme a los artículos 206 de la LEC y 245 de la LOPJ, los órganos jurisdiccionales dictarán:

a) **Providencia**: cuando la resolución tenga por objeto la ordenación material del proceso. En concreto, procederá cuando la resolución recaiga sobre cuestiones procesales que requieran decisión judicial, salvo que se exija expresamente auto.

b) **Auto**: cuando decida recursos contra providencias, cuestiones incidentales, presupuestos procesales, nulidad del procedimiento o cuando, conforme a las leyes de enjuiciamiento, deban revestir esta forma. Así, la LEC, artículo 206.1.2.°, especifica:

> «Se dictarán autos cuando se decidan recursos contra providencias o decretos, cuando se resuelva sobre admisión o inadmisión de demanda, reconvención, acumulación de acciones, admisión o inadmisión de la prueba, aprobación judicial de transacciones, acuerdos de mediación y convenios, medidas cautelares y nulidad o validez de las actuaciones.
>
> También revestirán la forma de auto las resoluciones que versen sobre presupuestos procesales, anotaciones e inscripciones registrales y cuestiones incidentales, tengan o no señalada en esta ley tramitación especial, siempre que en tales casos la ley exigiera decisión del tribunal así como las que pongan fin a las actuaciones de una instancia o recurso antes de que concluya su tramitación ordinaria, salvo que, respecto de estas últimas, la ley hubiera dispuesto que deban finalizar por decreto. El recurso de casación podrá decidirse mediante auto en los casos previstos en el artículo 487.1».

A TENER EN CUENTA. El artículo 206 de la LEC ha sido modificado por el Real Decreto-ley 6/2023, de 19 de diciembre, que entra en vigor el 20 de marzo de 2024, estableciéndose que el recurso de casación podrá decidirse mediante auto en los casos del art. 487.1 de la LEC.

c) **Sentencia**: cuando decida el pleito o causa definitivamente en cualquier instancia o recurso o cuando, conforme a la norma procesal, deba revestir esta forma. En este sentido procederá, conforme a la LEC, para poner fin al proceso, en primera o segunda instancia, concluida la tramitación ordinaria, y para resolver los recursos casación y los procedimientos para la revisión de sentencias firmes, salvo lo dispuesto en el art. 487.1 de la LEC.

Frente a las resoluciones judiciales anteriores, ¿qué forma revestirán las que dicten los LAJ? Los LAJ resolverán, en los casos en que proceda, mediante diligencias o decretos.

¿**En qué casos recaerá diligencia**? Por un lado, dentro de la función del LAJ de impulsar el proceso (art. 456 de la LOPJ) dictará el mismo las resoluciones necesarias para su tramitación, a excepción de las reservadas a jueces o tribunales, que se denominarán diligencias (de ordenación, de constancia, de comunicación o de ejecución). A falta de previsión en otro sentido, se dictará diligencia de ordenación, conforme al artículo 206.2.1° de la LEC, «cuando la resolución tenga por objeto dar a los autos el curso que la ley establezca».

¿Cuándo se resolverá mediante decreto? A estos efectos, se define el decreto como aquella resolución del LAJ dictada para admitir la demanda, poner término al procedimiento de su exclusiva competencia o cuando sea preciso o conveniente razonar su decisión (art. 456.3 de la LOPJ y art. 206.2.2.° de la LEC). Será motivado y contendrá, en párrafos separados y numerados, los antecedentes de hecho y los fundamentos de derecho en que se basa.

3.7. Otros casos de nulidad previstos en la ley

La enumeración de las causas de nulidad de pleno derecho prevista en los artículos 225 de la LEC y 238 de la LOPJ tiene la consideración de *numerus apertus*, pues ambos preceptos contemplan una cláusula residual extendiendo la referida nulidad a los demás casos previstos legalmente.

Pues bien, atendiendo a lo anterior y, centrándonos en la LEC, podemos hacer referencia a los siguientes supuestos a lo largo de su articulado:

Asunto pendiente de reparto

El artículo 68 de la LEC establece la obligación de reparto de los asuntos en el ámbito civil, no pudiendo cursarse ningún asunto entre tanto no conste la diligencia o anotación electrónica correspondiente.

> **A TENER EN CUENTA.** El artículo 68 de la LEC ha sido objeto de modificación por el Real Decreto-ley 6/2023, de 19 de diciembre, que añade a la obligación de reparto de los asuntos civiles la anotación electrónica. Tal modificación entra en vigor el 20 de marzo de 2024.

En relación con lo anterior, las actuaciones que, faltando la referida diligencia o anotación electrónica, se lleven a cabo y que no consistan en ordenar el reparto del asunto se anularán a instancia de cualquiera de las partes.

En el mismo sentido, se declararán nulas las resoluciones de tribunal distinto al que corresponda conocer del asunto según las normas de reparto. ¿Cómo se efectuará esta declaración? Han de cumplirse los siguientes requisitos:

– La declaración ha de darse **a instancia de la parte perjudicada por la resolución,** así lo prevé **el auto de la AP de Madrid n.° 81/2015, de 17 de abril, ECLI:ES:APM:2015:761A,** cuando dice que «(...) la norma establece un régimen particular de nulidad para las actuaciones llevadas a cabo por tribunal distinto de aquel a quien hubiese correspondido conocer según las normas de reparto, la cual únicamente podrá ser declarada a instancia de parte perjudicada que lo hubiese solicitado oportunamente (...)».

- La nulidad ha de haberse instado **en el trámite procesal inmediatamente posterior al momento en que la parte conozca la infracción** de las normas de reparto.

- Por último, es necesario que **la infracción no se haya corregido a raíz de la impugnación de cualquiera de los litigantes** en el momento de presentar el escrito o de solicitar la incoación de las actuaciones.

Por lo que se refiere a este supuesto relativo a las normas de reparto, se entiende infringido el derecho al juez natural predeterminado en la ley; así se infiere del **auto de la AP de Cádiz n.º 247/2018, de 22 de noviembre, ECLI:ES:APCA:2018:764A**:

«En el presente supuesto efectivamente la solicitud de internamiento involuntario fue presentada, no ante la oficina de reparto, sino ante el juzgado que ese día se encontraba de guardia. Existe por tanto una infracción formal del procedimiento a seguir ante la presentación de asuntos y asunción de los mismos por el órgano judicial, ahora bien para que proceda la nulidad, como se ha indicado en pluralidad de resoluciones, es preciso no solo que exista un quebrantamiento de las formas esenciales del procedimiento sino la concurrencia de una serie de requisitos, y así en primer lugar es preciso que cause efectiva indefensión a quién la alega, indefensión que ha de ser material y no meramente formal, lo que implica que ese defecto formal haya supuesto un perjuicio real y efectivo en sus posibilidades de defensa, o bien y tratándose de normas de reparto, se haya infringido el derecho constitucional al juez natural predeterminado en la ley (...)».

Segundo incidente de acumulación

Otro supuesto de nulidad previsto en la LEC se refiere al caso de que se suscite un segundo incidente de acumulación. Señala así el artículo 97.1 de la LEC que «Suscitado incidente de acumulación de procesos en un proceso, no se admitirá solicitud de acumulación de otro juicio ulterior si quien la pidiera hubiese sido el iniciador del juicio que intentara acumular».

Pero ¿cómo habrá de procederse ante tal solicitud? En este caso, el LAJ rechazará la solicitud mediante decreto dictado al efecto. Entonces ¿cuándo cabe hablar de nulidad en estas situaciones? Conforme al artículo 97.2 de la LEC, la nulidad de todo lo actuado a causa de la referida solicitud se declarará por el tribunal, tan pronto le conste que, a pesar de la prohibición estipulada, se ha sustanciado el nuevo incidente.

Resolución dictada por juez o magistrado en quien concurra causa de recusación

Este supuesto de nulidad referido a la resolución que decida el pleito o causa cuando se haya dictado por juez o magistrado en quien concurra causa de recusación se contempla en el artículo 113 de la LEC, conforme al cual:

«Contra la decisión del incidente de recusación no se dará recurso alguno, sin perjuicio de hacer valer, al recurrir contra la resolución que decida el pleito o causa, la posible nulidad de ésta por concurrir en el Juez o Magistrado que dictó la resolución recurrida, o que integró la Sala o Sección correspondiente, la causa de recusación alegada».

En relación con este caso resulta interesante la **sentencia de la AP de Cádiz n.º 244/2012, de 22 de mayo, ECLI:ES:APCA:2012:605**. En ella el recurrente solicita que **se anule un auto y se admita la procedencia de la recusación de una magistrada y al menos se declare la nulidad o deje sin efecto la imposición de costas,** declarando en base a los artículos 113 de la LEC y 228 de la LOPJ que «(...) no procede en modo alguno ni revisar el auto resolutorio del incidente pues el mismo es irrecurrible en todos sus términos, incluido el pronunciamiento sobre costas, ni acordar la nulidad solicitada del citado auto, al no concurrir ni alegarse causa alguna de nulidad. La única cuestión procedente sería examinar si concurre en autos la causa de recusación alegada y acordar en este momento procesal la nulidad de la sentencia dictada, ahora bien de una parte el propio recurrente indica que "No interesa la nulidad para no eternizar este pleito pero la aceptamos si esa IAP así lo acuerda" (...)». Dicho esto, añade que no podrá acordarse la nulidad de oficio en base al artículo 227 de la LEC, siendo la parte quien ha de solicitarla expresamente no conformándose con lo que la sala acuerde en su caso, ya que a la misma le está vedada dicha actuación.

Falta de presencia judicial en declaraciones, pruebas y vistas

En relación con el principio de inmediación, el artículo 137 de la LEC recoge la obligación de presencia judicial o, en su caso, del LAJ, en las actuaciones que hayan de realizarse exclusivamente ante ellos, en los casos siguientes:

– **Tratándose del órgano que conozca del asunto**, presenciará las declaraciones las partes y testigos, careos, exposiciones, explicaciones y respuestas de los peritos, la crítica oral de su dictamen y cualesquiera otros actos de prueba que deban llevarse a cabo contradictoria y públicamente.

– **La celebración de vistas y comparecencias** cuyo objeto sea oír a las partes antes de dictar una resolución.

Si no se cumple lo anterior ¿qué sucederá? En ese caso, se determinará la nulidad de pleno derecho de las actuaciones correspondientes.

Asimismo, es doctrina del Tribunal Constitucional en sus **sentencias n.º 180/1991, de 23 de septiembre, ECLI:ES:TC:1991:180** y n.º 230/1992, de 14 de diciembre, **ECLI:ES:TC:1992:230**, en las que señala que el órgano jurisdiccional ha de cumplir el deber procesal «de poner en conocimiento de las partes la composición de la Sección o de la Sala que va a juzgar el litigio o causa», así como el de notificar a las partes el nombre del magistrado designado ponente en el pleito o causa, conforme a lo prescrito por el art. 203.2 de la LOPJ, porque solo tal comunicación permite a las partes, en momento procesal hábil, instar el oportuno incidente procesal de recusación en relación con aquellos jueces o magistrados que pudieran hallarse incursos en causa legal para ello, con el fin de que, una vez apreciada ésta, apartarlos del proceso y sustituirlos por aquél o aquellos en quienes concurran las garantías de la adecuada imparcialidad objetiva, como derecho fundamental integrante de los que configuran un proceso con todas las garantías ex art. 24.2 de la CE **(sentencia del Tribunal Supremo n.º 917/2016, de 27 de abril, ECLI:ES:TS:2016:1886).**

RESOLUCIONES RELEVANTES

Sentencia de la AP de Madrid n.º 332/2020, de 22 de octubre, ECLI:ES:APM:2020:12314

Principio de inmediación

*«El principio de inmediación requiere en efecto que las **pruebas sean practicadas ante el juez o tribunal que este conociendo del asunto** (...).*

(...)

Ahora bien, en el caso de que la infracción del principio de inmediación venga del hecho de que las pruebas hayan sido practicadas ante otro juez distinto de quien dicta sentencia, la jurisprudencia constitucional ha valorado que no en todo caso se dará lugar a la nulidad de la sentencia, y que esta no procederá cuando el juez sentenciador tenga acceso al soporte audiovisual del juicio y la irregularidad a la que se alude no haya sido vinculada por el recurrente a ningún perjuicio material especificado y relevante para alterar el signo de la resolución judicial, (...)».

Un posible cambio judicial y el principio de inmediación

Sentencia de la AP de Salamanca n.º 72/2011, de 22 de febrero, ECLI:ES:APSA:2011:110

*«(...) haberse **conculcado el principio de inmediación** establecido en el artículo 137 de la Ley de Enjuiciamiento Civil al haber sido **Juez distinto** el que admitió la demanda e intervino en el procedimiento hasta la audiencia previa y el que celebró el juicio y dictó la sentencia, y por ello solicita la declaración de nulidad de las actuaciones posteriores a la celebración de la audiencia previa.*

*Sin embargo, tal pretensión de declaración de nulidad de actuaciones no puede ser acogida. Es cierto que en el artículo 137 de la Ley de Enjuiciamiento Civil se exige, bajo sanción de nulidad, que los jueces y magistrados miembros del tribunal que este conociendo del asunto presencien las declaraciones de las partes y testigos, las exposiciones, explicaciones y respuestas que hayan de ofrecer los peritos, así como cualquier otro acto de prueba que deba llevarse a cabo contradictoria y públicamente. Ahora bien, una lectura atenta del referido artículo 137 en relación con el artículo 194 de la misma Ley de Enjuiciamiento Civil conduce a entender que el **cambio judicial no infringe el principio de inmediación** cuando no implique quebranto del último de los preceptos, esto es, que la **intervención sucesiva en el procedimiento de varios jueces es irrelevante cuando no afecte al conocimiento del material probatorio y de los alegatos vertidos por las partes en el acto del juicio.** Es decir, el principio de inmediación no exige identidad entre el Juez que celebre la audiencia previa del juicio ordinario y el que presida el juicio, pues la asistencia a éste, con el contenido que indica el artículo 431 de la Ley de Enjuiciamiento Civil, supone la adquisición de un conocimiento suficiente de la cuestión litigiosa y en ningún precepto se impone que sea el mismo Juez durante todo el procedimiento.*

Por lo que, si la sentencia objeto de impugnación fue dictada por el mismo Juez que intervino en el acto del juicio, en el que se practicaron las pruebas propuestas por

---

las partes, y escuchó las conclusiones de las mismas, es evidente que no se infringió el principio de inmediación establecido en el artículo 137 de la Ley de Enjuiciamiento Civil, no existiendo por tanto el presupuesto necesario, exigido en los artículos 238. 3°, de la Ley Orgánica del Poder Judicial y 225. 3°, de la Ley de Enjuiciamiento Civil, para declarar la nulidad de actuaciones pretendida por la parte recurrente».

Sentencia de la AP de Málaga n.° 136/2008, de 6 de marzo, ECLI:ES:APMA:2008:595

«El artículo 137 de la Ley de Enjuiciamiento Civil establece de forma imperativa que los jueces y magistrados que han de dictar una resolución deben estar imperativamente en los actos de prueba, en las vistas y comparecencias que las preceden; y sanciona con nulidad radical las infracciones de lo dispuesto sobre esta presencia judicial o inmediación en sentido amplio (así expresamente se expone en la Exposición de Motivos de la Ley 1/2000, de 7 de enero), (...).

(...)

De forma que, ya en consideración a lo dispuesto en el artículo 137, ya en consideración a lo previsto en el artículo 193, la nulidad pretendida debe prosperar, constituye una infracción de una norma esencial del procedimiento, advertida la denunciada vulneración del principio de inmediación, en cuanto a las previsiones de la vigente Ley ritual quieren que la convicción judicial se forme con lo visto y oído durante el desarrollo del proceso, de tal forma que el órgano jurisdiccional que presencie las actuaciones realizadas oralmente debe ser el mismo que vaya a formar su opinión en las resoluciones que se dicten, lo que evidentemente exige contacto directo y percepción inmediata por parte del Juez o Magistrado que deba dictar sentencia; actuaciones que deberán retrotraerse al momento en que se produjo el vicio procesal y, concretamente, al momento de la celebración del acto del juicio».

Práctica de los actos de comunicación

Conforme al artículo 166 de la LEC, **¿en qué casos se podrá declarar la nulidad de los actos de comunicación?** Esta declaración procederá cuando:

- Los actos de comunicación no se lleven a cabo conforme a las normas establecidas en los arts. 149 a 168 de la LEC.

- Pudieren causar indefensión.

¿Existe alguna excepción a la regla anterior? Sí, en tanto el artículo 166.2 de la LEC prevé que la diligencia de comunicación surta todos sus efectos como si se hubiese hecho conforme a la ley en el caso de que la persona notificada, citada, emplazada o requerida se hubiera dado por enterada en el asunto, y no denunciase la nulidad de la diligencia en su primer acto de comparecencia ante el tribunal.

Reflejo de este supuesto se encuentra en la **sentencia del Tribunal Supremo n.° 171/2019, de 20 de marzo, ECLI:ES:TS:2019:898**, la misma hace referencia a la **doctrina jurisprudencial** que establece la especial trascendencia de los actos de comunicación, toda vez que son los medios idóneos para la efectividad de la tutela judicial, y señala que la regulación de los mismos procura garantizar el conocimiento efectivo y oportuno de las resoluciones por sus destinatarios.

Si bien, no toda **irregularidad procesal** implica una indefensión y a su vez la nulidad de una actuación procesal, así lo señala el Alto Tribunal en la referida sentencia. En este sentido añade:

> «Ahora bien, no toda irregularidad procesal implica una indefensión para la parte, sino que dicha indefensión tiene que haberse producido de manera efectiva (STC 278/1993, de 20 de septiembre, y las que en ella se citan). Por ello, cuando la persona notificada, citada o emplazada se hubiera dado por enterada en el procedimiento, las diligencias de comunicación practicadas irregularmente surtirán todos sus efectos (STS 583/1996, de 3 de julio).
>
> Así lo recoge el art. 166.2 LEC, como excepción a la regla general de nulidad de los actos de comunicación irregulares causantes de indefensión establecida en el párrafo precedente, al decir:
>
> "Sin embargo, cuando la persona notificada, citada, emplazada o requerida se hubiera dado por enterada en el asunto, y no denunciase la nulidad de la diligencia en su primer acto de comparecencia ante el tribunal, surtirá ésta desde entonces todos sus efectos, como si se hubiere hecho con arreglo a las disposiciones de la ley"».

Por lo tanto, si el acto de comunicación está viciado de nulidad, pero llega a manos de su destinatario, este podrá:

– Darlo por válido y conservar las actuaciones.

– Impugnarlo.

Pero, de ninguna manera, se puede dejar avanzar las actuaciones y, posteriormente, cuando más le convenga al interesado o interesada, pretender que se declare la nulidad de la notificación que, desde un principio ha sido nula, ha quedado subsanada.

Disconformidad de la copia de un documento y el original

Por lo que se refiere a la presentación de escritos y documentos, ¿qué efectos produce la denuncia relativa a la **falta de correspondencia entre la copia entregada y el original**? El tribunal, oídas las demás partes, procederá a declarar la nulidad de lo actuado con posterioridad a la entrega de la copia siempre que su inexactitud hubiera podido afectar a la defensa de la parte. Con aquella declaración, el tribunal dispondrá la entrega de copia conforme al original, a los efectos oportunos (art. 280 de la LEC).

La necesidad de que la copia entregada sea literal se infiere de diversas sentencias, así, cabe citar, a título de ejemplo, la **sentencia de la AP de Cuenca n.º 273/2021, de 13 de julio, ECLI:ES:APCU:2021:388**, conforme a la cual:

> «El efecto de los escritos de demanda y de contestación —y, en su caso, de reconvención— como delimitadores del objeto del proceso lo es en la medida en que la copia de dichos escritos que se entrega a la adversa sea una copia literal, como suele suceder en la práctica totalidad de los supuestos. Si no fuera así y, por error o dolo, **la copia entregada no se**

4.
DECLARACIÓN DE NULIDAD DE ACTUACIONES

¿A quién corresponde declarar la nulidad de las actuaciones?

Como ya se ha visto, el trámite de nulidad de las actuaciones tiene carácter extraordinario y se aplicará de forma restrictiva. En este sentido podrá el tribunal declarar la nulidad de todas las actuaciones o de alguna en particular (art. 240 de la LOPJ y art. 227 de la LEC):

– **De oficio.**
– **A instancia de parte.**

‖ Declaración de oficio

En cuanto a la declaración de oficio de la nulidad de las actuaciones por el tribunal se distinguen dos supuestos:

| Actuaciones bajo violencia o intimidación

A este supuesto concreto se hace referencia en los artículos 239 de la LOPJ y 226 de la LEC de los que se infiere la **declaración de nulidad de las actuaciones tanto del tribunal como de las partes o personas que intervengan en el proceso cuando se hayan llevado a cabo con violencia o intimidación.**

En el caso del **tribunal**, tan pronto como se vea libre de la violencia o intimidación, declarará nulo todo lo actuado. Además, promoverá la formación de causa contra los culpables, a cuyos efectos pondrá los hechos en conocimiento del Ministerio Fiscal.

Por su parte, también procederá la declaración de nulidad de los actos de las **partes o intervinientes en el proceso** realizados bajo violencia o intimidación. **¿Qué efecto tendrá esta nulidad?** La misma supondrá la nulidad de todos los demás actos relacionados con el que se declare nulo o que se hayan visto condicionados o influidos sustancialmente por aquel.

| Resto de los casos

No concurriendo violencia o intimidación, el tribunal podrá, **de oficio o a instancia de parte**, como se verá a continuación, declarar la nulidad de todas las actuaciones o de alguna en particular atendiendo a los siguientes requisitos:

- Que **no haya recaído resolución que ponga fin al proceso.**
- Siempre que **no proceda la subsanación.**
- La declaración se **realice previa audiencia de las partes.**

CUESTIÓN

¿Podrá en todo caso decretarse de oficio la nulidad de las actuaciones?

Conforme al art. 240.2, párrafo segundo, de la LOPJ y al art. 227.2, párrafo segundo, de la LEC, cuando con ocasión de un recurso no se haya solicitado en este la nulidad de las actuaciones:

- Regla general: el tribunal no podrá decretar de oficio la nulidad no solicitada.

- Excepción: se exceptúan de la regla general anterior los supuestos en que se apreciare falta de jurisdicción o de competencia objetiva o funcional o se hubiera producido violencia o intimidación que afectare a ese tribunal.

|| Declaración a instancia de parte

Como ya se ha visto, la **declaración de nulidad de las actuaciones, en todo o en parte, también puede producirse por el tribunal a instancia de parte**, así se recoge en los citados artículos 240 de la LOPJ y 227 de la LEC.

Si bien, el supuesto anterior hace referencia a la **nulidad de actuaciones anteriores a la resolución que ponga fin al proceso,** se hace necesario introducir un mecanismo para dar respuesta a aquellos casos de nulidad planteados posteriormente a dicha resolución, que no se hayan podido denunciar antes de la misma cuando esta no sea recurrible.

En este sentido, se contempla un **supuesto de nulidad a instancia de parte, un mecanismo excepcional reservado exclusivamente a quien sea parte legítima en el proceso o hubiera debido de serlo,** cual es el **incidente excepcional de nulidad de actuaciones** previsto en el artículo 241 de la LOPJ y, en términos idénticos, en el artículo 228 de la LEC.

Sin perjuicio de su estudio más detallado en el tema correspondiente, este incidente excepcional se traduce en el derecho de las partes o de quien debiera serlo a **pedir por escrito la declaración de nulidad de aquellas actuaciones** procesales posteriores a la resolución que ponga fin al proceso, que no se hayan podido denunciar antes de dicha resolución y que no puedan eliminarse con otros remedios. En este caso, la nulidad ha de estar **fundada en cualquier vulneración de un derecho fundamental de los previstos en el artículo 53.2 de la CE**, respecto al recurso de amparo.

¿Cómo se hará valer la nulidad?

Fuera de los supuestos que entran dentro del ámbito del incidente excepcional de nulidad de actuaciones que, como ya se ha indicado, serán objeto de estudio específico en otro tema, cabe hacer referencia aquí a los **mecanismos para hacer valer la nulidad con carácter general**.

En este sentido el artículo 240.1 de la LOPJ, así como el artículo 227.1 de la LEC, hacen referencia a dos supuestos:

- La **nulidad de pleno derecho**, en todo caso.

- Los **defectos de forma en los actos procesales** que supongan ausencia de los requisitos indispensables para alcanzar su fin o determinen efectiva indefensión.

Pues bien, ambas circunstancias deberán hacerse valer **a través de los recursos establecidos en la ley contra la resolución de que se trate, o por los demás medios que establezcan las leyes procesales**.

En relación con lo anterior, cabe citar la **sentencia del Tribunal Supremo n.º 531/2011, de 20 de julio, ECLI:ES:TS:2011:5879**:

> «Examinadas las actuaciones, las alegaciones expuestas por las partes y las razones indicadas en las dos resoluciones que dictaron los tribunales de primera instancia y apelación se aprecia por esta Sala que se ha producido una **infracción de las normas procesales**, que la misma tiene la **consideración de grave** en la perspectiva de la trascendencia para el proceso en concreto y proporcionalidad en relación con la sanción previsible y, sin duda, ha **ocasionado indefensión**.
>
> Para fundamentar la anterior decisión debe señalarse en primer lugar que el recurso de reposición formulado por la parte demandada el 16 de octubre de 2003 contra la Providencia de 13 de octubre de 2003 era el mecanismo procesal idóneo para denunciar la (hipotética) infracción procesal. El que las nulidades de actuaciones, así como los defectos de forma en los actos procesales, se deban hacer valer, de ser temporáneamente posible, mediante los recursos no significa que se tenga que pedir insoslayablemente, bajo pena de esterilidad, la nulidad, dado que, aparte de que la supone la simple petición de reponer, en todo caso el efecto es el mismo. Por lo demás, aunque la reposición y la subsiguiente protesta de reproducción ya hubieran sido suficientes para denunciar el acto procesal defectuoso, en cualquier caso, la justificación esgrimida por la Resolución de la Audiencia respecto del irregular planteamiento de la impugnación es formalmente desproporcionada, y en modo alguno tiene amparo en la doctrina del Tribunal Constitucional que hace especial hincapié en sede de recursos y de nulidades en la exigencia de evitar formalismos enervantes determinantes de la inadmisión, ni en la jurisprudencia de esta Sala que en natural sintonía con dicha doctrina constitucional reitera su aplicación en sede de garantías procesales».

5.
EL INCIDENTE EXCEPCIONAL DE NULIDAD DE ACTUACIONES

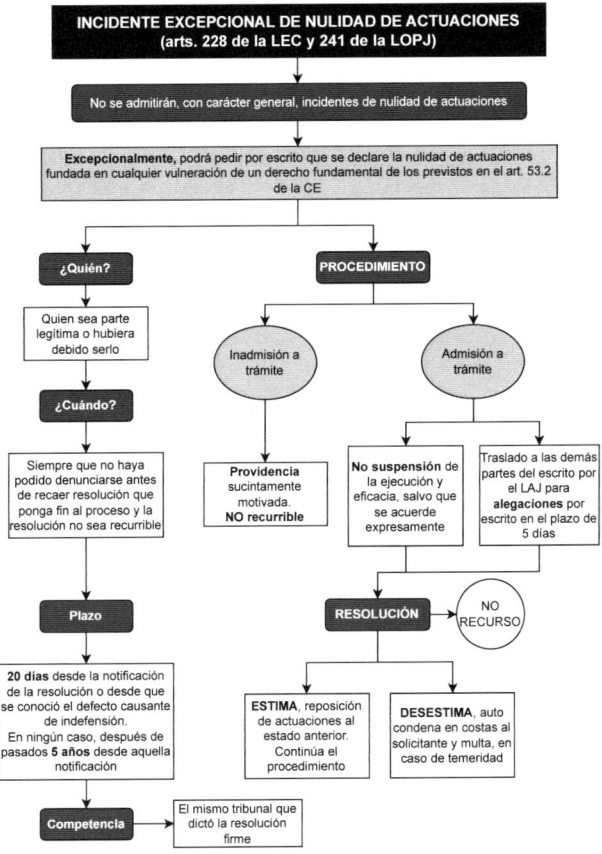

Según la RAE el incidente excepcional de nulidad de actuaciones se define como:

«Escrito que excepcionalmente plantean los legitimados para interesar la nulidad de actuaciones cuando la resolución dictada haya puesto

fin al procedimiento y no sea susceptible de recurso. Son causas de nulidad la vulneración de cualquier derecho fundamental y los defectos de forma en el procedimiento que hayan causado indefensión, siempre que no se haya podido hacer valer la denuncia en un momento anterior».

En cuanto a su ámbito de aplicación, en el incidente de nulidad el tribunal **solo puede entrar a considerar si se han producido infracciones de derechos fundamentales**, pues tal cuestión es el único objeto posible de dicho incidente, el cual no puede convertirse en un recurso en el que se revise el criterio jurídico aplicado en la resolución cuya nulidad se insta. Se trata de evitar que las alegaciones formales de infracción de un derecho constitucional encubran pretensiones de revisión de cuestiones estrictamente de corrección jurídica sin trascendencia constitucional (**auto del Tribunal Supremo, rec. 550/2013, de 8 de abril de 2015, ECLI:ES:TS:2015:2331A**).

Su regulación se encuentra en el **artículo 241 de la LOPJ** y en el **artículo 228 de la LEC**, cuyo tenor literal es idéntico en ambos artículos:

«1. No se admitirán con carácter general incidentes de nulidad de actuaciones. Sin embargo, excepcionalmente, quienes sean parte legítima o hubieran debido serlo podrán pedir por escrito que se declare la nulidad de actuaciones fundada en cualquier vulneración de un derecho fundamental de los referidos en el artículo 53.2 de la Constitución, siempre que no haya podido denunciarse antes de recaer resolución que ponga fin al proceso y siempre que dicha resolución no sea susceptible de recurso ordinario ni extraordinario.

Será competente para conocer de este incidente el mismo juzgado o tribunal que dictó la resolución que hubiere adquirido firmeza. El plazo para pedir la nulidad será de 20 días, desde la notificación de la resolución o, en todo caso, desde que se tuvo conocimiento del defecto causante de indefensión, sin que, en este último caso, pueda solicitarse la nulidad de actuaciones después de transcurridos cinco años desde la notificación de la resolución.

El juzgado o tribunal inadmitirá a trámite, mediante providencia sucintamente motivada, cualquier incidente en el que se pretenda suscitar otras cuestiones. Contra la resolución por la que se inadmita a trámite el incidente no cabrá recurso alguno.

2. Admitido a trámite el escrito en que se pida la nulidad fundada en los vicios a que se refiere el apartado anterior de este artículo, no quedará en suspenso la ejecución y eficacia de la sentencia o resolución irrecurribles, salvo que se acuerde de forma expresa la suspensión para evitar que el incidente pudiera perder su finalidad, y se dará traslado de dicho escrito, junto con copia de los documentos que se acompañasen, en su caso, para acreditar el vicio o defecto en que la petición se funde, a las demás partes, que en el plazo común de cinco días podrán formular por escrito sus alegaciones, a las que acompañarán los documentos que se estimen pertinentes.

Si se estimara la nulidad, se repondrán las actuaciones al estado inmediatamente anterior al defecto que la haya originado y se seguirá el procedimiento legalmente establecido. Si se desestimara la solicitud de nulidad, se condenará, por medio de auto, al solicitante en todas las costas del incidente y, en caso de que el juzgado o tribunal entienda que se promovió con temeridad, le impondrá, además, una multa de 90 a 600 euros.

Contra la resolución que resuelva el incidente no cabrá recurso alguno».

Si bien, el incidente excepcional de nulidad de actuaciones no puede considerarse como un mero trámite formal previo al amparo constitucional sino como un verdadero instrumento procesal que, en la vía de la jurisdicción ordinaria, podrá remediar aquellas lesiones de derechos fundamentales que no hayan podido denunciarse antes al recaer una resolución que pone fin al proceso y siempre que dicha resolución no sea susceptible de recurso ordinario ni extraordinario, en este sentido se pronuncia el **Tribunal Constitucional en su sentencia n.º 153/2012, de 16 de julio, ECLI:ES:TC:2012:153.**

JURISPRUDENCIA

Sentencia del Tribunal Supremo n.º 81/2024, de 23 de enero, ECLI:TS:TS:2024:361

«Dentro de los remedios que establece el ordenamiento jurídico, con la finalidad de reparar los errores judiciales cometidos, se encuentra la necesidad de promover el incidente de nulidad de actuaciones. En la sentencia 36/2022, de 24 de enero, expusimos la jurisprudencia existente sobre la materia, en la que concretamente señalamos que:

"En un supuesto, como el presente, en que el error judicial denunciado se habría cometido en una sentencia contra la que no cabe recurso alguno, hemos venido entendiendo, en sentencia 281/2016, de 29 de abril, que antes de la demanda de error judicial debía haberse agotado la vía judicial previa mediante el incidente de nulidad de actuaciones.

"Sobre tal cuestión nos pronunciamos también en las sentencias 120/2019, de 26 de febrero, cuya doctrina se ratifica en la sentencia 688/2020, de 21 de diciembre, que expresa la jurisprudencia al respecto:

""[...] Igualmente es doctrina de esta Sala que el incidente de nulidad de actuaciones "aunque no sea propiamente un recurso, es un mecanismo de singular idoneidad que no cabe omitir, aunque dentro de su ámbito o alcance, en la previsión del art. 293.1.f) LOPJ. Y aunque la relevancia del medio de impugnación se manifiesta especialmente como mecanismo de agotamiento de la vía judicial previa en relación con la naturaleza subsidiaria del recurso de amparo (por todas, STC 32/2010, del 8 de julio), ello no obsta a su singular idoneidad en otras perspectivas, siempre en orden a restablecer eventuales vulneraciones de derechos fundamentales (por todas, STC 43/2010, de 26 de julio), y a su carácter de exigencia previa inexcusable antes de acudir a vías de reparación excepcional de derechos, entre ellos la que aquí se enjuicia de error judicial" (Sentencia 650/2010, de 27 de octubre). Como recuerda la Sentencia n.º 830/2013, de 14 de enero de 2014, "esta exigencia se explica por la necesidad de agotar todos los medios que permiten que se dicte una sentencia ajustada a derecho antes de acudir a un remedio excepcional y subsidiario como es el de la declaración de error judicial, que no permite que el justiciable obtenga la sentencia correcta y vea satisfecho su derecho con cargo a quien debe serlo, la parte contraria en el litigio, sino que constituye un requisito para que dicho justiciable reclame una indemnización con cargo a las arcas públicas [...]"".

Pues bien, en la demanda de error judicial se señala que la sentencia del juzgado de lo mercantil incurrió en una equivocación patente en la valoración de la prueba documental aportada al proceso con el escrito de demanda, así como que se interesó la rectificación de la sentencia por la vía de la aclaración, subsanación y complemento al amparo de los arts. 214 y 215 de la LEC, que fue desestimada.

No obstante, el art. 241 de la LOPJ permite promover el incidente de nulidad de actuaciones por vulneración de los derechos fundamentales referidos en el artículo 53.2 de la Constitución, siempre que no haya podido denunciarse antes de recaer resolución que ponga fin al proceso, y siempre que dicha resolución no sea susceptible de recurso ordinario ni extraordinario. Dicho incidente se promoverá ante el mismo juez o tribunal que dictó la resolución que hubiere adquirido firmeza».

Por lo que, **el incidente de nulidad de actuaciones desempeña una función esencial de tutela y defensa de los derechos fundamentales** que sirve para reparar aquellas lesiones de cualquier derecho fundamental que no puedan realizarse a través de los recursos ordinarios o extraordinarios previstos por la ley. El incidente de nulidad **es un remedio procesal idóneo para la reparación de la lesión de todos los derechos fundamentales.**

Su **materia exclusiva y excluyente ha de ser la vulneración de un derecho fundamental, no cualquier infracción legal.**

5.1. Competencia

De acuerdo con la LOPJ y la LEC:

«Será competente para conocer de este incidente el mismo juzgado o tribunal que dictó la resolución que hubiere adquirido firmeza».

Y esto es así porque la resolución del incidente excepcional de nulidad de actuaciones no exige ni permite abordar cuestiones sustancialmente idénticas o muy cercanas a las ya analizadas en la sentencia, ya que este incidente no es un recurso ni abre una nueva instancia, sino que es un mero remedio al que se puede acudir excepcionalmente para reparar la vulneración de un derecho fundamental que haya podido cometerse por la resolución.

Y, aunque si es cierto que el objeto de estudio del incidente es la sentencia, no lo es en cuanto al fondo del asunto resuelto en ella, sino solo en cuanto al posible incumplimiento de sus requisitos intrínsecos que haya podido generar una vulneración de derechos fundamentales.

Por lo tanto, **no existe riesgo para la imparcialidad objetiva ni incompatibilidad funcional alguna para que conozca del incidente el mismo órgano que dictó la sentencia.**

A este respecto, es interesante la lectura del **auto del Tribunal Supremo, rec. 3/2015, de 17 de junio, ECLI:ES:TS:2015:5757A,** con el tenor literal siguiente:

«Se había recusado en el caso a todos los miembros de la Sala Primera del Tribunal Supremo que habían concurrido a dictar sentencia, para apartarlos de la resolución del incidente excepcional de nulidad de actuaciones que se promovía frente a la misma. En dicho supuesto, además, se pretendía que el órgano judicial promoviera cuestión de inconstitucionalidad de los artículos 241.1.1 LOPJ y 228.1 de la Ley de Enjuiciamiento Civil por entender que infringían los derechos fundamentales a la tutela judicial y al juez imparcial.

Especial relevancia para la resolución de este incidente tienen los fundamentos de derecho tercero y cuarto de la referida resolución que, a continuación, se transcriben en parte:

"Tercero.- [...] Lo que la parte mantiene es que las personas que integran ese órgano pierden la imparcialidad, porque ya han decidido sobre el asunto y entonces, al atribuir a ese órgano la competencia sobre la anulación, se está produciendo, dentro de la propia ley, una vulneración de la exigencia de imparcialidad que, en la medida en que no pueda corregirse con una interpretación extensiva de las causas décima y undécima del artículo 219 de la Ley, produce un resultado contrario al artículo 24 de la Constitución y a los artículos 6 y 13 del Convenio Europeo para la protección de los de Derechos Humanos.

Esta conclusión no puede compartirse, ni tampoco el razonamiento que conduce a ella. **El órgano judicial que conoce sobre una controversia no pierde su imparcialidad por el hecho de que haya de pronunciarse por vía de recurso o remedio procesal contra una decisión** previamente adoptada en el proceso. Si así fuera, todos los recursos no devolutivos vulnerarían la garantía de imparcialidad y serían inútiles. Tampoco es cierto que contra todas las decisiones adoptadas en esos recursos sea posible un recurso devolutivo. Pero es que además el incidente de nulidad de actuaciones que regula el artículo 241 de la LOPJ no está proponiendo al órgano judicial competente para resolverlo la misma cuestión sobre la que éste ya se ha pronunciado ante una denuncia previa, porque el número 1 del artículo 241 de la LOPJ exige que se trate de la vulneración de un derecho fundamental que no haya podido denunciarse antes de recaer la resolución que ponga fin al proceso. Por otra parte, el incidente de nulidad de actuaciones se califica en el preámbulo de la Ley Orgánica 6/2007 como un medio de tutela 'previo al amparo', por lo que frente a lo que se decida en él está abierta la vía de este recurso y, si esa vía se considera por la parte limitada, es claro que esa hipotética limitación correspondería a la regulación que del recurso de amparo realiza la Ley Orgánica del Tribunal Constitucional, pero no puede reprocharse al artículo 241 de la Ley Orgánica del Poder Judicial"».

5.2. Plazo y tramitación del incidente

El plazo para pedir la nulidad será de **20 días**.

Pero ¿desde cuándo? Desde la **notificación de la resolución o, en todo caso, desde que se tuvo conocimiento del defecto causante de indefensión**, sin que, en este último caso, pueda solicitarse la nulidad de actuaciones después de transcurridos 5 años desde la notificación de la resolución.

CUESTIÓN

El plazo para pedir nulidad de actuaciones, ¿se podrá interrumpir?

Sí, de acuerdo con el artículo 267.9 de la LOPJ, se interrumpirá desde que se solicite su aclaración, rectificación, subsanación o complemento de la resolución definitiva firme sobre la que se formula el incidente excepcional de nulidad de actuaciones y, en todo caso, comenzarán a computarse desde el día siguiente a la notificación del auto o decreto que reconociera o negase la omisión del pronunciamiento y acordase o denegara remediarla.

En esta línea, sirve de refuerzo a esta cuestión la **sentencia del Tribunal Supremo n.° 1694/2023, de 4 de diciembre, ECLI:ES:TS:2023:5321**, al señalar que «la suspensión de los plazos para interponer los recursos que quepan contra la resolución que es objeto de aclaración o rectificación está prevista expresamente en los arts. 267.9 LOPJ y 215.5 LEC. El fundamento de dicha previsión es que el auto de aclaración, rectificación y subsanación o complemento de sentencias o autos se integra como un todo unitario en la sentencia aclarada, rectificada o completada (sentencia del Tribunal Constitucional 90/2010, de 15 de noviembre), de la que pasa a formar parte. Por eso, el plazo íntegro para interponer los recursos contra ella comienza a correr de nuevo a partir de la notificación de la resolución aclaratoria o rectificadora (art. 267.9 LOPJ y art. 448.2 LEC)».

Tramitación del incidente excepcional de nulidad de actuaciones

En primer lugar, en caso de **inadmisión**, se hará mediante providencia, sucintamente motivada, de cualquier incidente en que se pretenda suscitar otras cuestiones.

En caso de que el tribunal sí **admita a trámite el incidente de nulidad de actuaciones, no quedará en suspenso la ejecución y eficacia de la sentencia o resolución recurribles**, a excepción de que se acuerde de forma expresa la suspensión con el objetivo de evitar que el incidente pudiera perder su finalidad. El letrado de la Administración de Justicia dará traslado de dicho escrito a las demás partes, que **en el plazo común de 5 días podrán formular por escrito sus alegaciones**, a las que acompañarán los documentos que se estimen pertinentes.

¿Qué ocurre en caso de que la nulidad se estime? Se repondrán las actuaciones al estado inmediatamente anterior al defecto que haya originado y se seguirá el procedimiento legalmente establecido. **¿Y en caso de que se desestime la nulidad?** Se condenará, por medio de auto, al solicitante en todas las costas del incidente y, en caso de que el tribunal entienda que además se promovió con temeridad, le impondrá, además, una multa de 90 a 600 euros.

5.3. Recursos

Los artículos 228.2 in fine de la LEC y 241.2 *in fine* de la LOPJ son claros al respecto:

«Contra la resolución que resuelva el incidente **no cabrá recurso alguno**».

Mediante el incidente autorizado por el Art. 241 de la LOPJ se trata, en definitiva, de solucionar la vulneración de un derecho fundamental cuando contra la Sentencia en la que esa vulneración se produce, no cabe recurso. De ahí que se articule un remedio procesal —más que un verdadero recurso— que permite a los Jueces corregir la lesión producida, siempre y cuando, la infracción de contenido constitucional no haya podido ser alegada mientras el proceso se encontraba pendiente, ni tampoco mediante los recursos ordinarios.

Así entendido, el incidente de nulidad de actuaciones ha de tener un ámbito prácticamente reducido a aquellos casos en que el defecto procesal generador de indefensión sólo es advertido después de la Sentencia firme y aquellos otros supuestos en los que la vulneración del derecho fundamental se produce en la propia Sentencia y ésta no es susceptible de recurso ante la jurisdicción ordinaria.

En definitiva, este incidente tiene la finalidad de limitar los supuestos de recurso de amparo constitucional, siempre posible con posterioridad con carácter subsidiario, para la solución de una cuestión que, por su naturaleza y características, puede ser resuelta por el mismo órgano jurisdiccional que dictó la resolución definitiva en la que se aprecia el defecto, pero no autoriza un replanteamiento de lo ya examinado y resuelto en la resolución cuya nulidad se solicita».

Si bien, de acuerdo con la jurisprudencia de este tribunal, **para agotar la vía judicial es necesario interponer incidente de nulidad de actuaciones ante el órgano judicial que dictó la resolución que se estima lesiva de derechos fundamentales** cuando, entre otros casos, la vulneración de derechos fundamentales se imputa a la sentencia que resuelve el recurso de que se trate y, por su parte, el recurso interpuesto con el fin de obtener la tutela judicial del derecho fundamental que se estima lesionado ha sido inadmitido.

Así, en estos casos, y de acuerdo con los argumentos de la **sentencia del Tribunal Constitucional n.º 39/2003, de 27 de febrero, ECLI:ES:TC:2003:39,** la exigencia de agotar la vía judicial, «(...) **lejos de constituir una formalidad vacía**, supone un elemento esencial para respetar la subsidiariedad del recurso de amparo y, en última instancia, para garantizar la correcta articulación entre este Tribunal y los órganos integrantes del Poder Judicial (...)», pues son a los órganos judiciales a quienes «(...) primeramente corresponde la reparación de las posibles lesiones de derechos invocadas por los ciudadanos (...)». Por esta razón, la sentencia citada sostiene que «(...) **cuando existe un recurso susceptible de ser utilizado y adecuado por su carácter y naturaleza para tutelar la libertad o derecho que se entiende vulnerado, tal recurso ha de interponerse antes de acudir a este Tribunal (...)».**

Sin embargo, la mencionada **sentencia del Tribunal Constitucional n.º 112/2019, de 3 de octubre, ECLI:ES:TC:2019:112** decide modificar la anterior doctrina y considerar que en esos supuestos no es preciso interponer un incidente de nulidad de actuaciones para cumplir el requisito que exige agotar la vía judicial antes de interponer el recurso de amparo, y ello, por las siguientes razones:

– El requisito de agotar la vía judicial antes de interponer el recurso de amparo, según ha sostenido la jurisprudencia constitucional, «**ha de ser interpretado de manera flexible y finalista**» (entre otras, STC n.º 18/2009, de 26 de enero, ECLI:ES:TC:2009:18 y STC n.º 144/2007, de 18 de junio, ECLI:ES:TC:2007:144).

– El requisito de agotar la vía judicial antes de interponer el recurso de amparo, «no obliga a utilizar en cada caso todos los medios de impugnación posibles, sino tan sólo aquellos normales que, de manera clara, se manifiestan como ejercitables, de forma que no quepa duda respecto de la procedencia y la posibilidad real y efectiva de interponer el recurso» (entre otras, STC n.º 137/2006, de 8 de mayo, ECLI:ES:TC:2006:137 y STC n.º 62/2007, de 27 de marzo, ECLI:ES:TC:2007:62).

– El requisito de agotar la vía judicial antes de interponer el recurso de amparo no debe «superar unas dificultades interpretativas mayores de lo exigible razonablemente» (entre otras, STC n.º 75/2007, de 16 de abril, ECLI:ES:TC:2007:75 y STC n.º 89/2011, de 6 de junio, ECLI:ES:TC:2011:89).

Como ya se ha señalado anteriormente, el artículo 241.1 de la LOPJ atribuye a este incidente carácter excepcional y dispone que solo procede cuando la vulneración de derechos fundamentales que se imputa a la resolución judicial «no haya podido denunciarse antes de recaer resolución que ponga fin al proceso y siempre que dicha resolución no sea susceptible de recurso ordinario ni extraordinario», si bien, razona el Tribunal Constitucional que de tal regulación **no se infiere que el incidente de nulidad de actuaciones deba interponerse también en los casos que el recurso ordinario o extraordinario que se haya interpuesto contra la resolución que se estima lesiva de los derechos fundamentales se inadmita por razones procesales que no sean imputables a la falta de diligencia de la parte.** Por ello, y de acuerdo con la doctrina expuesta, **la interposición del incidente de nulidad de actuaciones en los referidos supuestos no puede considerarse necesaria para agotar la vía judicial previa al recurso de amparo.**

Sí es cierto que **la naturaleza del recurso de amparo es subsidiaria** y tal naturaleza es así porque la CE no lo contempla como una vía directa ni general y única, sino especial y extraordinaria posterior a la defensa de aquellos derechos y libertades ante los tribunales ordinarios a los que el artículo 53.2 de la CE encomienda la tutela general, pero, en todo caso, «la subsidiariedad del amparo no puede conducir a una sucesión ilimitada de recursos judiciales, incompatible con el principio de seguridad jurídica que la CE consagra en su art. 9.3» (sentencia del Tribunal Constitucional n.º 185/1990, de 15 de noviembre, ECLI:ES:TC:1990:185).

De cualquier modo, el Tribunal Constitucional subraya que, **una cosa es que no exista una exigencia constitucional o legal de la que se derive la necesidad de interponer este incidente para poder recurrir en amparo ante este tribunal en estos supuestos y otra que la interposición de este incidente cuando concurren estas circunstancias pueda considerarse un recurso manifiestamente improcedente.**

En este sentido la **sentencia del Tribunal Constitucional n.º 198/2010, de 21 de diciembre,** ECLI:ES:TC:2010:198, indica que, «(...) la armonización de las exigencias del principio de seguridad jurídica (art. 9.3 CE) y el derecho a la tutela judicial efectiva (art. 24.1 CE) conducen a una **aplicación restrictiva del concepto de recurso manifiestamente improcedente,** limitándolo a los casos en que tal improcedencia derive de manera terminante, clara e inequívoca del propio texto legal, sin dudas que hayan de resolverse con criterios interpretativos de alguna dificultad, toda vez que el respeto debido al derecho de la parte a utilizar cuantos recursos considere útiles para la defensa de sus intereses impide exigirle que se abstenga de emplear aquellos cuya improcedencia sea razonablemente dudosa y, en consecuencia, que asuma el riesgo de incurrir en una falta de agotamiento de la vía judicial previa (…)».

CUESTIÓN

En caso de inadmisión de un recurso de casación contra una resolución, ¿cabrá interponer incidente excepcional de nulidad de actuaciones contra la resolución que se intentó recurrir en casación?

Sí, ya que una vez inadmitido el recurso de casación contra la resolución que se estima lesiva de derechos fundamentales concurre el presupuesto procesal que determina la procedencia del incidente de nulidad, esto es, en el momento de la inadmisión es cuando la resolución no es susceptible de recurso ordinario ni extraordinario y, por tanto, puede utilizarse este cauce procesal para obtener la tutela de derechos fundamentales que se consideran vulnerados por la referida resolución. Así lo ha entendido el Tribunal Supremo en relación con la resoluciones que han sido recurridas en casación y el recurso ha sido inadmitido por carecer de interés casacional objetivo, pues solo cuando se haya decidido la inadmisión del recurso de casación se podrá afirmar que contra la resolución judicial impugnada no cabe recurso ordinario ni extraordinario y, en consecuencia, este es el momento en el que podrá interponerse el incidente de nulidad de actuaciones ante el órgano judicial que dicto la resolución que se intentó recurrir en casación (**auto del Tribunal Supremo, rec. 3711/2017, de 11 de diciembre, ECLI:ES:TS:2017:11433A**).

Esta interpretación, aunque no se deduce del tenor del art. 241.1 de la LOPJ, no lo contraviene y se justifica en la necesidad de otorgar un cauce impugnatorio a través del cual pueden tutelarse las vulneraciones de derechos fundamentales que se imputan a la resolución contra la que se interpuso el recurso y que no pudieron ser enjuiciadas al haberse inadmitido el recurso por razones procesales.

En consecuencia, para poder garantizar el derecho al recurso frente a las vulneraciones de derechos fundamentales que sean imputables directamente a los órganos judiciales cuando resuelven en única o última instancia es preciso establecer un cauce procesal en la vía judicial, pues la tutela por el Tribunal Constitucional, dada la configuración del recurso de amparo, solo procederá en los supuestos excepcionales en los que la cuestión planteada en el recurso tenga especial trascendencia constitucional. Por ello, **el cauce procesal es el incidente de nulidad de actuaciones que regula el ya referido artículo 241.1 de la LOPJ.**

Finalmente y para concluir, la interposición del incidente de nulidad de actuaciones en los casos en los que no se derive de forma clara su procedencia del tenor del artículo 241.1 de la LOPJ, no será un requisito necesario para agotar la vía judicial previa al amparo, pero si se presenta ha de considerarse un cauce idóneo para obtener la tutela de los derechos fundamentales que se imputan a la resolución frente a la que se interpuso el recurso inadmitido y, por tanto, **no podrá considerarse un recurso manifiestamente improcedente que pueda conllevar la extemporaneidad del recurso de amparo por alargar indebidamente la vía judicial.**

6.
ACTUACIONES JUDICIALES REALIZADAS FUERA DEL TIEMPO ESTABLECIDO

Para dar respuesta a esta cuestión hay que atender a la dicción literal del **artículo 229 de la LEC,** que de modo absolutamente coincidente con el **artículo 242 de la LOPJ,** establece que «Las actuaciones judiciales realizadas fuera del tiempo establecido sólo podrán anularse si lo impusiere la naturaleza del término o plazo».

No se trata, pues, de un supuesto de nulidad radical, sino de anulabilidad. Así, el Tribunal Constitucional ha declarado reiteradamente que el **mero incumplimiento de los plazos procesales, por sí mismo, no constituye violación del derecho a un proceso sin dilaciones indebidas,** la cual, de entenderse producida, podría derivar en la nulidad radical de las actuaciones, concurriendo indefensión (**sentencia del TSJ de Canarias n.º 182/2017, de 10 de marzo, ECLI:ES:TSJICAN:2017:1148**).

La regla general, en relación con las actuaciones realizadas fuera de plazo, es la **eficacia del acto** en cuestión, siendo la anulación la excepción. Así se refleja en la **sentencia de la AP de A Coruña n.º 31/2003, de 11 de febrero, ECLI:ES:APC:2003:291:**

> «(…) el acto judicial realizado fuera de plazo sólo puede anularse si, como exige el art. 229 de la LEC, que reitera las previsiones del art. 241 de la LOPJ, así lo impone la naturaleza del término o el plazo, de manera que la regla general es la eficacia del acto, frente a la que la anulación es la excepción, siendo la propia incidencia del requisito del tiempo en el concreto acto procesal de que se trate la que determina la ineficacia del mismo».

Los tribunales vienen excluyendo, en estos casos, la nulidad toda vez que no se aprecie violación de derechos fundamentales o indefensión. En este sentido, cabe citar la **sentencia del TSJ de Madrid n.º 360/2022, de 13 de octubre, ECLI:ES:TSJM:2022:12201:**

> «(…) En definitiva, la realización de las diligencias fuera del plazo legal no arrastra consecuencias procesales significativas en tanto el legislador no impone sanción respecto a la validez o efectividad de esa actuación extemporánea, no asimilable en su tratamiento a la prueba ilícita, pues

no fue obtenida violentando derechos y libertades fundamentales, como advierte para este supuesto la Circular 5/2015, sobre los plazos máximos de la fase de instrucción, de la Fiscalía General del Estado, por lo que las pesquisas mantienen su valor como instrumento de investigación y fuente de otras pruebas derivadas».

Asimismo, la **sentencia de la AP de Madrid n.º 313/2013, de 26 de septiembre, ECLI:ES:APM:2013:13296**, señala:

«(…) En este sentido es reiterada la doctrina jurisprudencial conforme a la cual, el dictado de una sentencia fuera de plazo es una irregularidad que no produce indefensión, por lo que no puede dar lugar a la nulidad (que por otra parte no se ha instado por el recurrente) —por todas, las Sentencias de Tribunal Supremo de 16 de febrero de 1991 y 30 de enero de 1996, lo cual es conforme con lo dispuesto en el artículo 229 LEC y 242 LOPJ (…)—».

Se puede concluir que **se excluyen del ámbito de la nulidad de las actuaciones aquellos actos judiciales que sean extemporáneos**, es decir, realizados fuera del tiempo previsto legalmente, salvo cuando lo imponga la naturaleza del término o plazo.

A colación de la afirmación anterior, es necesario hacer referencia al **artículo 132 de la LEC** que establece, como regla general, la **práctica de las actuaciones en los términos o plazos fijados para cada una de ellas o, a falta de previsión, sin dilación**. La infracción de esta regla por los tribunales o personal al servicio de la Administración de Justicia, sin mediar justa causa, habrá de **corregirse disciplinariamente** conforme a lo previsto en la LOPJ, sin perjuicio del derecho de la parte perjudicada para exigir las responsabilidades que procedan. Esto es así en tanto se trata de actos válidos pero irregulares.

A TENER EN CUENTA. Los artículos 229 de la LEC y 242 de la LOPJ hacen referencia a las actuaciones judiciales, no a los actos de parte a los cuales se les aplicará el **principio de preclusión** previsto en el artículo 136 de la LEC, conforme al cual:

«Transcurrido el plazo o pasado el término señalado para la realización de un acto procesal de parte se producirá la preclusión y se perderá la oportunidad de realizar el acto de que se trate. El Letrado de la Administración de Justicia dejará constancia del transcurso del plazo por medio de diligencia y acordará lo que proceda o dará cuenta al tribunal a fin de que dicte la resolución que corresponda».

Es en el **auto del Tribunal Supremo, rec. 6238/2021, de 14 de febrero, ECLI:ES:TS:2023:1608A**, donde se reafirma la nota de que:

*«a) Los plazos establecidos en la LEC son **improrrogables** (arts. 134.1 y 136 LEC) por lo que transcurrido el plazo o pasado el término señalado para la realización de un acto procesal de parte se producirá la **preclusión** y se **perderá la oportunidad** de realizar el acto del que se trate. De estas normas se ha dicho que tienen el **carácter imperativo y de orden público** que caracteriza los preceptos procesales, que la recta aplicación de las mismas es siempre deber del juez (STC 202/1988), pues los requisitos procesales **no se hallan a disposición de las par-*

8.
SUBSANACIÓN DE DEFECTOS DE LOS ACTOS PROCESALES

¿En qué consiste la subsanación?

El **Diccionario del español jurídico** define, con carácter general, la **subsanación como la «reparación de defectos de que pueda adolecer un acto»**, y más concretamente entiende por **subsanación de actos procesales la acción y efecto de subsanar actos procesales viciados de defecto o irregularidad, cuando sea posible, siendo su efectividad obligación del tribunal y del letrado de la Administración de Justicia**.

En relación con la subsanación de los defectos procesales, la jurisprudencia ha venido recogiendo la necesidad de atender, en esta materia, al **principio de proporcionalidad y a la efectividad del derecho a la tutela judicial efectiva**. A estos efectos, se hace alusión al criterio seguido por Tribunal Constitucional en la **sentencia n.º 45/2002, de 25 de febrero, ECLI:ES:TC:2022:45** (entre otras), destacando, a título de ejemplo, el **auto del Tribunal Supremo, rec. 4067/2002, de 26 de octubre de 2006, ECLI:ES:TS:2006:16125A**, conforme al cual:

> «En relación con la subsanación de defectos procesales, el Tribunal Constitucional viene declarando reiteradamente, (por todas, SSTC 45/2002, de 25 de febrero y 182/2003, de 13 de noviembre) que "los Jueces y Tribunales deben llevar a cabo una **adecuada ponderación de los defectos que adviertan en los actos procesales de las partes, guardando la debida proporcionalidad entre la irregularidad cometida y la sanción que debe acarrear**, a fin de procurar, siempre que sea posible, la subsanación del defecto o irregularidad, favoreciendo de este modo la **conservación de la eficacia de los actos procesales y del proceso como instrumento para alcanzar la efectividad de la tutela judicial**. Y en dicha ponderación es preciso que se tomen en consideración, tanto la entidad del defecto y su incidencia en la consecución de la finalidad perseguida por la norma infringida, como su trascendencia para las garantías procesales de las demás partes del proceso y la voluntad y grado de diligencia procesal apreciada en la parte, en orden al cumplimiento del requisito procesal omitido o irregularmente observado".

Asimismo, en la STC 149/1996, de 30 de septiembre, se manifiesta que "si **el órgano judicial no hace lo posible para la subsanación del defecto procesal** que pudiera considerarse como subsanable, **o impone un rigor en las exigencias más allá de la finalidad a que las mismas responden, la resolución judicial que cerrase la vía del proceso o del recurso sería incompatible con la efectividad del derecho a la tutela judicial,** ya que, como se señaló en la STC 213/1990, de 20 de diciembre, FJ 2, los presupuestos y requisitos formales no son valores autónomos que tengan sustantividad propia, sino que son instrumentos para conseguir una finalidad legítima, con la consecuencia de que, si aquella finalidad puede ser lograda sin detrimento de otros bienes o derechos dignos de tutela, debe procederse a la subsanación del defecto"».

En la misma línea, cabe citar la **sentencia del Tribunal Supremo n.º 544/2020, de 20 de octubre, ECLI:ES:TS:2020:3334:**

«14.-En definitiva, los **juzgados y tribunales deberán observar el principio de proporcionalidad, que impone un tratamiento jurídico distinto a los diversos grados de defectuosidad de los actos procesales, con criterios favorables a una tutela efectiva.**

A dicho principio hace referencia la sentencia del Tribunal Constitucional 107/2005, de 9 de mayo, FJ 4, con cita de la sentencia de ese mismo Tribunal 187/2004, de 2 de noviembre, FJ 2, cuando insta a los órganos jurisdiccionales integrantes del Poder Judicial, a:

"...] llevar a cabo una **adecuada ponderación de los defectos** que adviertan en los actos procesales de las partes, guardando en sus decisiones la debida proporcionalidad entre la irregularidad cometida y la sanción que debe acarrear, y procurando, siempre que ello sea posible, la subsanación del defecto o irregularidad a fin de favorecer la conservación de la eficacia de los actos procesales y del proceso como instrumento para alcanzar la efectividad de la tutela judicial. Y añadimos que '[e]n dicha ponderación debe atenderse a la entidad del defecto y a su incidencia en la consecución de la finalidad perseguida por la norma infringida, así como a su trascendencia para las garantías procesales de las demás partes del proceso. E igualmente debe atenderse a la voluntad y grado de diligencia procesal apreciada en la parte en orden al cumplimiento del requisito procesal omitido o irregularmente observado (SSTC 41/1992, de 30 de marzo; 64/1992, de 29 de abril; 331/1994, de 19 de diciembre; y 145/1998, de 30 de junio)'".

Lo expuesto no significa, sin embargo, incurrir en los excesos de un criterio antiformalista, que conduzca a prescindir de los requisitos establecidos por las leyes procesales, y, entre ellos, las normas que regulan los recursos en garantía de los derechos de todas las partes (sentencias del Tribunal Constitucional 187/2004, de 2 de noviembre, FJ 2; 107/2005, de 9 de mayo, FJ 4; 166/2016, de 6 de octubre, FJ 3); pero tampoco significa que quepa elevar cualquier defecto procesal a causa de inadmisión. En definitiva, **en la proporcionalidad está la solución y la guía en el derecho a la tutela judicial efectiva de rango constitucional**».

Ante la acumulación indebida de acciones se contempla la posibilidad de inadmisión de la demanda, como ya se ha visto, si bien esta no se produce de forma automática en tanto el LAJ debe requerir al demandante para subsanar el defecto de la acumulación. En esta línea, señala el **auto de la AP de Barcelona n.º 164/2021, de 16 de abril, ECLI:ES:APB:2021:3491A**, que:

> «En todo caso, **corresponde al Tribunal garantizar el derecho fundamental a acceder a la jurisdicción**, reconocido en el art. 24 CE, y ello se satisface normalmente con la iniciación del proceso, su desarrollo y su terminación con una resolución sobre el fondo (STC 4/1988, de 21 de enero), y aunque también puede satisfacerse con una **resolución de inadmisión a trámite, ésta debe ser resultado de la aplicación razonada de una causa legal y de una interpretación de la norma en el sentido más favorable para la efectividad del derecho fundamental** (SSTC 93/1990, de 23 de mayo, 143/1994, de 9 de mayo, 112/1997, de 3 de junio y 125/1997, de 1 de julio).
>
> (…)
>
> (…) Para que proceda la acumulación de acciones el artículo 73.1 de la LEC exige entre otros requisitos que las acciones acumuladas no deban, por razón de su materia, ventilarse en juicios de diferente tipo.
>
> **Las acciones ejercitadas deben ventilarse en juicios diferentes**, en un procedimiento declarativo las primeras, en este caso en un juicio ordinario, y en un proceso de ejecución la segunda. Sin embargo esta **indebida acumulación de acciones no puede dar lugar de forma automática a la inadmisión de la demanda** (…).
>
> (…)
>
> Presentada la demanda y ante la indebida acumulación de acciones el letrado de la administración de justicia debió requerir a la demandante a fin de que optara por alguna de las acciones ejercitadas, y una vez hecha la opción debió seguirse el trámite correspondiente a la acción mantenida. Sólo en caso de que no se optara por alguna de las acciones y se mantuviera la no acumulabilidad podrá inadmitirse a trámite la demanda.
>
> La **inadmisión de la demanda** acordada por la resolución recurrida **no se adecúa al derecho a la tutela judicial efectiva**, debiendo por ello ser revocada (…)».

CUESTIÓN

¿Cuál es el momento idóneo para apreciar el carácter indebido de la acumulación de acciones?

El artículo 73.3 de la LEC hace referencia al momento previo a la admisión de la demanda, en consonancia con ello, puede citarse, a título de ejemplo, la **sentencia de la AP de Madrid n.º 75/2019, de 7 de febrero, ECLI:ES:APM:2019:772**. En ella, ante una sentencia de instancia desestimatoria de una acción por entender que no es acumulable a otra, se declara que el momento de inadmisión de la acción acumulada debió de ser al presentarse la demanda, no ajustándose a derecho la decisión en la sentencia sobre ese asunto. Así, concluye que «(…) no debió admitirse por el Juzgado la acumulación de la acción antes de admitir a trámite la demanda, si así se consideraba, debiendo haberse seguido el trámite que determina el precepto transcrito. Al no hacerlo así y admitir a trámite todas las acciones acumuladas, deben resolverse en sentencia, sin que en esta pueda ya decidirse que no procedía la acumulación de acciones (…)».

En el mismo sentido, el **auto de la AP de Madrid n.º 92/2020, de 26 de febrero, ECLI:ES:APM:2020:1325A**, considera extemporáneo el examen sobre la debida acumulación de las acciones realizado con posterioridad a la admisión de la demanda.

|| Actos de comunicación (art. 166 de la LEC)

Ante un acto de comunicación practicado incorrectamente, se entiende el mismo subsanado, surtiendo sus efectos como si se hubiese ajustado a la ley, en el caso de que la persona notificada, emplazada o requerida se hubiera dado por enterada del asunto y no denunciase la nulidad de la diligencia en su primera comparecencia ante el tribunal.

A TENER EN CUENTA. Resulta de interés en este punto la ya citada **sentencia del Tribunal Supremo n.º 171/2019, de 20 de marzo, ECLI:ES:TS:2019:898**.

|| Resoluciones (art. 215 de la LEC y art. 267 de la LOPJ)

Estos preceptos hacen referencia a la posibilidad de subsanación de determinadas resoluciones defectuosas, en este sentido, establece el **artículo 215.1 de la LEC** que:

> «Las omisiones o defectos de que pudieren adolecer sentencias y autos y que fuere necesario remediar para llevar plenamente a efecto dichas resoluciones podrán ser subsanadas, mediante auto, en los mismos plazos y por el mismo procedimiento establecidos en el artículo anterior».

Lo anterior también resulta de aplicación al LAJ respecto de la subsanación de los decretos que haya dictado.

|| Clase de juicio por razón de la cuantía (art. 254.4 de la LEC)

Este supuesto hace referencia a la **subsanación de la demanda que indique sin más el juicio que proceda o que no tenga elementos suficientes, en su caso, para calcular la cuantía del juicio correctamente. Establece, por tanto, el artículo 254.4 de la LEC:

> «En ningún caso podrá el Tribunal inadmitir la demanda porque entienda inadecuado el procedimiento por razón de la cuantía. Pero si la demanda se limitare a indicar sin más la clase de juicio que corresponde, o si, tras apreciarse de oficio por el Secretario que la cuantía fijada es incorrecta, no existieren en aquélla elementos suficientes para calcularla correctamente, no se dará curso a los autos hasta que el actor no subsane el defecto de que se trate.
>
> El plazo para la subsanación será de diez días, pasados los cuales el Tribunal resolverá lo que proceda».

|| Presentación de escritos y documentos y no presentación de copias (arts. 273 y 275 de la LEC)

Establecida la utilización de sistemas telemáticos o electrónicos para la presentación de escritos y demás documentos, si se incumple el deber de utilización de las tecnologías, el LAJ concederá un plazo máximo de 5 días para subsanar el defecto. A falta de subsanación, «(…) los escritos y documentos se tendrán por no presentados a todos los efectos» (art. 273.5 de la LEC).

Pero **¿qué sucederá cuando lo que no se presenta son las copias de los escritos y documentos que procedan?** En este caso, la no presentación de las copias no supone la inadmisión de los escritos y documentos. No obstante, la omisión se pondrá de relieve a la parte por el LAJ para que la subsane en el plazo de 5 días. **¿Y si no lo hace?** Entonces el LAJ expedirá las copias a su costa.

CUESTIONES

1. ¿Existe alguna excepción a la regla anterior de expedir las copias de los escritos y documentos por el LAJ a costa de parte?

Sí, el LAJ expedirá las copias de los escritos y documentos para subsanar la falta de presentación de las mismas, salvo que se trate de los escritos de demanda o contestación, o de los documentos que deban acompañarlos. En este caso se tendrán por no presentados los escritos o no aportados los documentos, a todos los efectos. Así lo señala el **Tribunal Superior de Justicia de Cataluña en su sentencia 1101/2023, de 16 de febrero, ECLI:ES:TSJCAT:2023:2371**, cuyo tenor literal es el que sigue:

«*"Cuando las partes no actúen representadas por procurador, firmarán las copias de los escritos y documentos que presenten, respondiendo de su exactitud, y dichas copias se entregarán por el Secretario Judicial a la parte o partes contrarias. Si la presentación se realizara por medios telemáticos por estar obligados o haber optado por ello, siempre que cumplan los presupuestos y requisitos exigidos, el traslado de las copias a las demás partes se realizará por la oficina judicial por el medio que proceda* "; en cuyo caso (advierte el también invocado artículo 275, " la omisión de la presentación de copias de los escritos y documentos no será motivo para dejar de admitir unos y otros…omisión (que) se hará notar por el Secretario judicial a la parte, que habrá de subsanarla en el plazo de cinco días . Cuando la omisión no se remediare dentro de dicho plazo, el Secretario judicial expedirá las copias de los escritos y documentos a costa de la parte que hubiese dejado de presentarlas, salvo que se trate de los escritos de demanda o contestación, o de los documentos que deban acompañarles, en cuyo caso se tendrán aquéllos por no presentados o éstos por no aportados, a todos los efectos"*».

2. En relación con lo anterior ¿puede considerarse desproporcionado el archivo de la demanda por falta de presentación de las copias?

Para dar respuesta a esta cuestión, resulta interesante la **sentencia del TSJ de Canarias n.º 251/2022, de 31 de marzo, ECLI:ES:TSJICAN:2022:454**, conforme a la cual:

«*Las consecuencias de la falta de aportación de las copias en papel de la demanda, que son esenciales para la adecuada tramitación del procedimiento porque sin ellas no se puede hacer el intento de notificación en debida forma a la parte demandada, vienen establecidas de forma clara y terminante en el segundo párrafo del artículo 275 de la Ley de Enjuiciamiento Civil: la demanda se tendrá por no presentada. Que sea la propia ley la que, de manera clara, establezca esa consecuencia, impide considerar que el archivo de una demanda por no presentar el actor copias en papel de la misma, siendo necesarias y habiendo sido expresamente requerido para ello con advertencia expresa de las consecuencias, sea una consecuencia desproporcionada, cuando la falta de aportación es atribuible por entero a negligencia, dejadez o desidia del demandante. Aunque sean consideraciones económicas*

> *las que han establecido esa carga procesal del demandante —que es muy anterior al establecimiento de las normas sobre comunicaciones procesales por medios telemáticos—, la carga que se impone a la parte actora no puede considerarse en modo alguno excesiva o inasumible, y el órgano judicial, legalmente, no puede suplir las deficiencias de la parte actora, sea intentando acudir a una notificación telemática de la primera citación al demandado, lo que podría vulnerar su derecho a la tutela judicial efectiva, sea asumiendo el órgano judicial el coste de esas copias, que en modo alguno el artículo 275 de la Ley de Enjuiciamiento Civil le autoriza a asumir, no pudiendo el recurrente amparar su negligencia en atender al cumplimiento de sus cargas procesales en una alegada y no probada práctica entre irregular e ilegal que, según él, siguen la mayoría de los juzgados».*

La sentencia del Tribunal Superior de Justicia de Cataluña n.º 2052/2023, de 1 de junio, ECLI:ES:TSJCAT:2023:5581, es clara al señalar que «el contenido del artículo 275 de la LEC (...) es nítido en cuanto a la consecuencia jurídica aplicable; había de tenerse el escrito por no presentado "a todos los efectos". Y concedida la oportunidad de subsanación, una vez precluido el plazo, parece que se imponía la decisión impugnada».

‖ Defectos de la demanda y de la contestación (arts. 404 y 405 de la LEC)

En el caso de defectos en la demanda o en la contestación que no se hayan subsanado en el plazo concedido para ello por el LAJ, este último dará cuenta al tribunal a los efectos de resolver sobre la admisión.

‖ Audiencia previa (arts. 418 y 420 de la LEC)

En el trámite de la audiencia previa se prevé la **posibilidad de subsanar los defectos de capacidad o representación** que el demandado alegue en la contestación o el actor aduzca en la audiencia. Se distinguen los siguientes supuestos:

- Los **defectos son subsanables o susceptibles de corrección**: se podrán subsanar o corregir **en el acto y si no es posible se concederá un plazo** para ello no superior a 10 días, con suspensión, mientras tanto, de la audiencia.

- Los **defectos no son subsanables o susceptibles de corrección o no se subsanan o corrigen en plazo**: se dará por concluida la audiencia y se dictará **auto poniendo fin al proceso, salvo que el defecto afecte a la personación en forma del demandado**, en cuyo caso, se le **declarará en rebeldía**, sin que quede constancia de sus actuaciones.

Asimismo, también en la audiencia previa, si se alega la **falta del debido litisconsorcio se concederá un plazo para que se dirija la demanda a los nuevos demandados**. Habrá de estarse a lo dispuesto en el artículo 420.3 de la LEC para hacer posible la subsanación del defecto, en lugar de imponer al actor la formulación de una nueva demanda y de iniciar un nuevo pleito (**auto de la AP de A Coruña, rec. 352/2004, de 28 de abril de 2005, ECLI:ES:APC:2005:83A**).

‖ Recursos

En lo que se refiere al **recurso de apelación,** si concurre una infracción procesal que da lugar a la nulidad radical de las actuaciones o de una parte de ellas, el tribunal lo declarará mediante providencia, reponiendo las actuaciones al estado en que se hallaban al cometer la infracción. Sin embargo, **no procederá dicha nulidad** «(…) si el vicio o defecto procesal pudiere ser subsanado en la segunda instancia, para lo que el Tribunal concederá un plazo no superior a diez días, salvo que el vicio se pusiere de manifiesto en la vista y fuere subsanable en el acto (…)» (art. 465.4 de la LEC).

El artículo 449 de la LEC, en relación con el **derecho a recurrir en casos especiales,** contempla determinados trámites a cumplir para la admisión de los recursos en supuestos concretos, faltando los cuales el recurso será rechazado o declarado desierto. El citado precepto remite a lo previsto en el artículo 231 de la LEC en cuanto a la subsanación para proceder antes de rechazar o declarar desierto el recurso.

> **A TENER EN CUENTA.** El RD-ley 6/2023, de 19 de diciembre, modifica el artículo 449 de la LEC con entrada en vigor el 20/03/2024. Con dicha modificación, se suprime el recurso extraordinario por infracción procesal, manteniéndose tanto el recurso de apelación como el recurso de casación.

‖ Depósito

En los casos en que se exige constituir depósito como son la presentación de recursos (D.A. 15.ª de la LOPJ), o la revisión de sentencias firmes (art. 513 de la LEC), el defecto que se aprecie en dicha constitución deberá subsanarse en el plazo que se señale, pues, en caso de que no se haga, se inadmitirá el recurso o la demanda de que se trate.

‖ Oposición a la ejecución (art. 559 de la LEC)

Si el **motivo de oposición a la ejecución radica en defectos procesales,** se contempla la posibilidad del ejecutante de formular **alegaciones** sobre los mismos en el plazo de 5 días. Entendiendo que el **defecto es subsanable, el tribunal concederá a aquel 10 días para subsanarlo.**

Y ¿si no es subsanable o no se subsana en plazo? Entonces dictará auto dejando sin efecto la ejecución despachada.

No apreciando el tribunal la existencia del defecto procesal, dictará auto desestimándola y mandando seguir la ejecución.

Un ejemplo es el supuesto que se encuentra en la **sentencia de la Audiencia Provincial de Murcia n.º 660/2010, de 16 de diciembre, ECLI:ES:APMU:2010:2986,** que señala:

> «Regula el artículo 559 LEC la oposición a la ejecución por defectos procesales, y en el inciso final del apartado 2 establece: "Si el Tribunal no apreciase la existencia de los defectos procesales a que se limite la oposición, dictará auto desestimándola y mandando seguir la ejecución adelante, e impondrá al ejecutado las costas de la oposición".

Es cierto que la redacción literal del precepto permite cuestionarse si la condena en costas para la desestimación de la oposición por motivos procesales sólo está prevista cuando no haya, además, oposición por razones de fondo, pero en el presente caso no cabe plantearse dicha cuestión, pues el auto de 28-2-07 no fue recurrido en ninguno de sus pronunciamientos, por lo que devino firme todo él, tanto en la desestimación de la oposición por motivos procesales como en la condena en costas que se contemplaba en el mismo, de ahí que, siendo firme dicha condena, la parte con derecho a recibir el importe de las costas devengadas pueda solicitar su tasación (art. 242.1 LEC).

El pronunciamiento sobre costas que se ejecuta no ha sido discutido por la condenada ni recurriendo dicho auto ni planteando la cuestión de la afectación del mismo cuando recurrió el auto dictada en la oposición por motivos de fondo, ni siquiera cuando se pidió la aclaración del auto de la Audiencia que lo confirmaba, donde la única referencia era al pronunciamiento sobre las costas del auto de 8 de octubre de 2007, por lo que la condena en costas del autor de 28 de febrero de 2007 sigue plenamente en vigor, sin haber sido modificada por ninguna otra resolución.

En consecuencia, debe estimarse el recurso y desestimar la impugnación de la tasación de costas».

Defectos de los títulos de inmuebles embargados (art. 663 de la LEC)

Finalmente, se contempla también la **posibilidad de subsanación de los defectos que se aprecien en los títulos de los inmuebles embargados cuya presentación se requiera al ejecutado.** Señalando, así, el artículo 663 de la LEC que:

«1. En la misma resolución en que se mande expedir certificación de dominio y cargas de los bienes inmuebles embargados, el Letrado de la Administración de Justicia podrá, mediante diligencia de ordenación, de oficio o a instancia de parte, **requerir al ejecutado para que en el plazo de diez días presente los títulos de propiedad de que disponga,** si el bien está inscrito en el Registro.

2. Cuando la parte así lo solicite el procurador de la parte ejecutante podrá practicar el requerimiento previsto en el número anterior.

La **presentación de los títulos se comunicará al ejecutante para que manifieste si los encuentra suficientes, o proponga la subsanación de las faltas que en ellos notare».**

ANEXO.
FORMULARIOS

Oposición a nulidad de actuaciones

Procedimiento: [DESCRIPCIÓN]

Autos: [NÚMERO]/[AÑO]

AL JUZGADO DE PRIMERA INSTANCIA N.º [NÚMERO] DE [LOCALIDAD]

D./D.ª [NOMBRE PROCURADOR_CLIENTE], procurador/a de los tribunales, en nombre y representación de D./D.ª [NOMBRE_CLIENTE], con domicilio en esta ciudad [DOMICILIO_CLIENTE], y provisto de DNI número [NIF_CIF_DNI_CLIENTE] tal y como consta en las actuaciones referenciadas, con la asistencia del/de la letrado/a D./D.ª [NOMBRE_ABOGADO_CLIENTE], ante este juzgado comparezco y, como mejor proceda en Derecho,

DIGO

Por medio del presente escrito formulo **OPOSICIÓN AL INCIDENTE DE NULIDAD DE ACTUACIONES** instado por D./D.ª [NOMBRE_PARTECONTRARIA], y todo ello con base en los siguientes,

HECHOS

PRIMERO.- Con fecha [FECHA] fue dictada sentencia por este juzgado en virtud de la cual se condena a D./D.ª [NOMBRE_PARTECONTRARIA] a [DESCRIPCIÓN], declarándose la firmeza de la misma en fecha [FECHA].

Se adjunta como **documento n.º** [NÚMERO] y como **documento n.º** [NÚMERO], fallo y firmeza del mismo, respectivamente.

SEGUNDO.- Con fecha [FECHA] la adversa, vencida en el procedimiento referido, formuló solicitud de nulidad de las actuaciones desde el momento en que se produce el emplazamiento para que el demandado comparezca en juicio por entender que esta parte no ha actuado conforme a derecho al aportar el domicilio, el cual, según D./D.ª [NOMBRE_PARTECONTRARIA], no se correspondía con el domicilio real.

TERCERO.- No desconoce esta parte la actualidad jurisprudencial relativa a la aportación y o averiguación del domicilio de los contrincantes judiciales, procediendo, en el procedimiento raíz, ya no solo a indicar el domicilio que se conocía de la adversa en aquel momento, sino también a solicitar la averiguación judicial del mismo a los efectos de proceder a la citación judicial conforme a derecho. Como claramente se puede corroborar con la lectura de los autos, concretamente en sus folios [NÚMERO], se ha procedido de ese modo a la averiguación domiciliaria por parte del letrado/a de la Administración de Justicia, dando como resultado el mismo domicilio aportado por esta parte, por lo que no se entiende fundada la nulidad instada de adverso.

Ni que decir tiene que por lo expuesto no se entiende lo argumentado en sentido contrario.

A mayor abundamiento, en el contrato celebrado en su día [FECHA] por ambas partes, se había pactado como lugar de cumplimiento de la obligación [LUGAR], el cual se corresponde con el ofrecido al efecto por esta parte y que, además, coincide con el domicilio legal de D./D.ª [NOMBRE PARTE CONTRARIA].

Se acompaña como **documento n.º** [NÚMERO] copia del contrato.

[ESPECIFICAR OTROS MOTIVOS EN SU CASO].

A los anteriores hechos, resultan de aplicación los siguientes,

FUNDAMENTOS DE DERECHO

ÚNICO.- No resultan de aplicación los artículos 238 y siguientes de la Ley Orgánica del Poder Judicial, toda vez que la relación procesal estuvo siempre y en todo momento debidamente entablada por esta parte, debiéndose confirmar, por tanto, como conformes a derecho, todas y cuantas resoluciones han sido dictadas hasta ahora por este juzgado.

Y a este respecto, resulta de aplicación, en sentido contrario, lo dispuesto por el Tribunal Constitucional, en cuanto a la necesidad de agotar los medios de averiguación del domicilio antes de proceder a la comunicación edictal, en su **sentencia n.º 83/2018, de 16 de julio, ECLI:ES:TC:2018:83**:

> «"(…) la doctrina de este Tribunal en cuanto a la subsidiariedad de la comunicación edictal, que tiene su fuente directa en el derecho de acceso al proceso del art. 24.1 CE, de manera que la comunicación por edictos en el procedimiento de ejecución hipotecaria sólo puede utilizarse cuando se hayan agotado los medios de averiguación del domicilio del deudor o ejecutado" (STC 122/2013, FJ 5).
>
> (…)
>
> (…) En suma, el órgano judicial acudió a la comunicación edictal sin haber agotado previamente las posibilidades razonables de averiguación del domicilio real de los recurrentes, para proceder a la notificación personal».

Lo anterior se entiende cumplido, en atención a todo lo expuesto en los antecedentes fácticos, y en la constante intención de averiguación y/o comprobación del domicilio de la adversa, por lo que no se entiende fundada la petición de nulidad de la misma.

Por lo expuesto,

SUPLICO AL JUZGADO:

Que habiendo por presentado este escrito con las manifestaciones en él contenidas, y documentos acompañados, se sirva admitirlo, lo una a los autos de su razón, y tenga por impugnado el incidente de nulidad de actuaciones formulado de contrario contra la sentencia de [DÍA] de [MES] de [AÑO], y en sus méritos acuerde mantener la misma en todos sus extremos, con expresa imposición de las costas a la parte contraria (1), y en su virtud tenga por formulada **OPOSICIÓN AL INCIDENTE DE NULIDAD DE ACTUACIONES** presentado por D./D.ª [NOMBRE PARTE CONTRARIA]

Es Justicia que pido en [CIUDAD], a [DÍA] de [MES] de [AÑO].

Letrado D./D.ª [NOMBRE]　　　　　Procurador D./D.ª [NOMBRE]

[NUMEROCOLEGIADO_　　　　　　　[NUMEROCOLEGIADO_

ABOGADO_CLIENTE]　　　　　　　　PROCURADOR_CLIENTE]

---

(1) Si se desestimara la solicitud de nulidad, se condenará, por medio de auto, al solicitante en todas las costas del incidente y, en caso de que el tribunal entienda que se promovió con temeridad, le impondrá, además, una multa de 90 a 600 euros (art. 228 de la LEC).

Alegaciones a incidente excepcional de nulidad de actuaciones

Procedimiento: [DESCRIPCIÓN]

Autos: [NÚMERO]/[NÚMERO]

AL JUZGADO DE PRIMERA INSTANCIA DE [CIUDAD]

D./D.ª [NOMBRE_PROCURADOR_CLIENTE] procurador/a de los tribunales, en nombre y representación de **D./ D.ª** [NOMBRE_CLIENTE], con domicilio en [DOMICI-LIO_CLIENTE], y provisto de DNI número [NIF_CIF_DNI_CLIENTE], bajo la dirección letrada de **D./D.ª** [NOMBRE_ABOGADO_CLIENTE] con [NÚMERO_COLEGIADO_ABO-GADO_CLIENTE], ante este juzgado comparezco y, como mejor proceda en Derecho,

DIGO

En fecha [FECHA] se nos ha dado traslado de escrito de la adversa interesando la nulidad de actuaciones del procedimiento, con base en los hechos y fundamentación que entendió de aplicación, y en tiempo y forma procedemos a efectuar al mismo las siguientes,

ALEGACIONES

PRIMERA.- Han pasado más de los 20 días establecidos en el art. 228.1 de la LEC, y ello en tanto en cuanto [DESCRIPCIÓN].

Independientemente de lo anterior, han pasado más de cinco años desde la notificación de la resolución, por lo que la acción deviene CADUCADA (art. 228.1. párrafo 2º in fine de la LEC).

SEGUNDA.- Independientemente de las alegaciones expuestas hasta ahora, la parte presenta el incidente excepcional de nulidad de actuaciones sin haber hecho mención alguna de la nulidad en los recursos que ha presentado hasta el momento, ni haber denunciado con anterioridad el motivo de nulidad, a pesar de haber tenido conocimiento del mismo.

Esto de conformidad con lo pautado en el art. 228.1 de la LEC:

> «No se admitirán con carácter general incidentes de nulidad de actuaciones. Sin embargo, excepcionalmente, quienes sean parte legítima o hubieran debido serlo podrán pedir por escrito que se declare la nulidad de actuaciones fundada en cualquier vulneración de un derecho fundamental de los referidos en el artículo 53.2 de la Constitución, siempre que no haya podido denunciarse antes de recaer resolución que ponga fin al proceso y siempre que dicha resolución no sea susceptible de recurso ordinario ni extraordinario».

TERCERA.- Basa la contraparte su incidente de nulidad en [DESCRIPCIÓN], entendiendo esta parte que la misma no se cumple por [DESCRIPCIÓN] **(1)**, y aún en el caso de ser así, no es ninguna de las causas tasadas expresamente en el art. 225 de la LEC.

CUARTA.- Como fundamento de nuestra postura, cabe destacar el carácter excepcional del incidente de nulidad de actuaciones. En este sentido el auto del Tribunal Supremo, rec. 1912/2011, de 19 de junio de 2012, ECLI:ES:TS:2012:6544A, señala:

> «1.- El artículo 241.1 Ley Orgánica Poder Judicial, en la vigente redacción dada por la Ley Orgánica 6/2007, de veinticuatro de mayo, prevé con carácter excepcional el incidente de nulidad de actuaciones fundado en cualquier

vulneración de un derecho fundamental de los referidos en el artículo 53.2 de la Constitución, siempre que no haya podido denunciarse antes de recaer resolución que ponga fin al proceso y siempre que dicha resolución no sea susceptible de recurso ordinario ni extraordinario. La mencionada excepcionalidad con que se configura el incidente de nulidad de actuaciones regulado en la Ley Orgánica del Poder Judicial pese a la ampliación de los motivos para fundar su solicitud, conlleva un riguroso examen de los presupuestos a los que el referido precepto condiciona su admisibilidad e impone la perfecta delimitación de su ámbito, en evitación de que se articule una vía de impugnación alternativa al margen de los recursos ordinarios que procedan, o que se habilite un nuevo cauce impugnatorio».

QUINTA.- De conformidad con lo expuesto en el art. 228 de la LEC, se debe condenar en costas a la parte solicitante, y, en su caso, interponer multa ante la promoción efectuada con temeridad.

Por todo ello,

SUPLICO AL JUZGADO:

Que habiendo por presentado este escrito con las manifestaciones en él contenidas y documentos acompañados, se sirva admitirlo, lo una a los autos de su razón, y previos los trámites procesales de rigor, **DESESTIME LA NULIDAD** interesada por la contraparte **CONDENANDO a la parte solicitante** al abono de las costas causadas, con **IMPOSICIÓN de MULTA,** para el caso de que el tribunal observare que el incidente de nulidad se promovió con temeridad.

Es Justicia que pido en [DESCRIPCIÓN] a [DÍA] de [MES] de [AÑO].

Letrado D./D.ª [NOMBRE]

[NUMEROCOLEGIADO_
ABOGADO_CLIENTE]

Procurador D./D.ª [NOMBRE]

[NUMEROCOLEGIADO_
PROCURADOR_CLIENTE]

---

(1) Reflejar los motivos por los que entendemos no existir esa nulidad instada.

Demanda de nulidad de actuaciones ante impugnación de acuerdo de comunidad de propietarios

Procedimiento: [DESCRIPCIÓN]

Número: [NÚMERO]/[AÑO]

AL JUZGADO DE PRIMERA INSTANCIA DE [LUGAR]

D./D.ª [NOMBRE_PROCURADOR_CLIENTE] procurador/a de los tribunales y de la comunidad de propietarios del inmueble [DESCRIPCIÓN] representada por D./D.ª [NOMBRE_CLIENTE], en virtud de [DESCRIPCIÓN] **(1)** a mi favor conferido, bajo la dirección letrada de **D./D.ª** [NOMBRE_ABOGADO_CLIENTE] colegiado/a número [NÚMERO] por el ICA de [LUGAR], ante el juzgado comparezco y, como mejor proceda en Derecho,

DIGO

Mediante el presente escrito vengo a interponer **INCIDENTE EXCEPCIONAL DE NULIDAD DE ACTUACIONES** en el procedimiento referido y ello en atención a los siguientes,

HECHOS

PRIMERO.- Tal y como tiene conocimiento esta parte, en fecha [FECHA] se interpuso demanda por la adversa en impugnación de acuerdo de la comunidad de propietarios de la que mi parte es representante.

SEGUNDO.- En ningún momento se ha notificado a esta parte tal demanda, descubriéndose que se terminó por citar edictalmente, aspecto que nos impidió el conocimiento de la misma provocando una total y clara indefensión.

TERCERO.- No solo se ha producido indefensión, sino que se ha producido una total vulneración de la tutela judicial efectiva, pues, y al contrario de lo declarado jurisprudencialmente por el Tribunal Supremo, el juzgado no agotó todas las vías posibles de notificación antes de proceder a la notificación edictal.

CUARTO.- Junto con la presente, se interesa la nulidad de todas las actuaciones, incluida, y siendo la primera, la resolución [DESCRIPCIÓN] que decreta la notificación edictal a esta parte.

A los anteriores hechos les son de aplicación los siguientes,

FUNDAMENTOS DE DERECHO

I.- JURISDICCIÓN Y COMPETENCIA

Siendo la jurisdicción civil la competente, así como el juzgado al que se dirige la presente, de conformidad con lo dispuesto en el art. 228 de la Ley de Enjuiciamiento Civil (LEC).

II.- CAPACIDAD Y LEGITIMACIÓN

En este caso, y de aplicación tanto los artículos 6, 10 y concordantes de la propia LEC, esta parte se encuentra legitimada al serle totalmente perjudicial las decisiones acordadas y cuya nulidad se interesa.

III.- PROCEDIMIENTO

Regulado en el ya meritado art. 228 de la LEC, es el incidente excepcional de nulidad de actuaciones, la tramitación preceptiva a los efectos de hacer valer los derechos de mi mandante, y reponer las actuaciones al momento procesal oportuno.

IV.- REPRESENTACIÓN Y DEFENSA

Esta parte actúa representada por procurador/a y asistida de letrado/a, de conformidad con lo dispuesto en los artículos 31 y 23 de la LEC.

V.- FONDO DEL ASUNTO

De la nulidad de las actuaciones

La base de la misma es la **vulneración de los derechos de defensa y de tutela judicial efectiva**, establecidos en el art. 24 de la CE.

El art. 228 de la LEC ya indica que quienes sean parte legítima o hubieran debido serlo podrán pedir por escrito que se declare la nulidad de actuaciones fundada en cualquier vulneración de un derecho fundamental de los referidos en el artículo 53.2 de la Constitución, siempre que no haya podido denunciarse antes de recaer resolución que ponga fin al proceso y siempre que dicha resolución no sea susceptible de recurso ordinario ni extraordinario.

Y esto se ha producido en el presente caso en el que no se ha producido la labor de averiguación mínima por parte de la Administración a los efectos de localizar el domicilio de mi mandante.

La **sentencia del Tribunal Supremo n.º 72/2018, de 14 de febrero, ECLI:ES:TS:2018:406**, que nos indica que solo cabe acudir a la citación edictal «cuando no se conoce el domicilio de la persona que deba ser notificada o se ignora su paradero por haber cambiado de domicilio».

Añade la mentada sentencia que «(...) la maquinación fraudulenta consistente en la ocultación maliciosa del domicilio del demandado concurre no solo cuando se acredita una intención torticera en quien lo ocultó, sino también cuando consta que tal ocultación, y la consiguiente indefensión del demandado, se produjo por causa imputable al demandante y no al demandado».

Esta sentencia abarca la doctrina que se viene implementando conforme:

- Se deben agotar todos los medios disponibles (en nuestro caso no se ha efectuado, pues se podía haber [ESPECIFICAR]).

- Se ha producido una maquinación fraudulenta por parte del actor, quien, conocedor tanto de los domicilios del administrador, como de los miembros de la junta de gobierno de la comunidad, solicitó directamente la comunicación edictal.

VI.- COSTAS

En aplicación del art. 394.1 de la LEC, deberán imponerse las costas al demandado.

VII.- *IURA NOVIT CURIA*

En todo lo no invocado resulta de aplicación el principio *iura novit curia*, plasmado en el párrafo segundo del punto primero del artículo 218 de la Ley de Enjuiciamiento Civil, en virtud del cual serán aplicables las demás normas que sean de pertinente, especial o general aplicación, y que el juzgador podrá tener en cuenta de oficio sin necesidad de que hayan sido previamente alegadas o invocadas por alguna de las partes intervinientes.

En su virtud,

SUPLICO AL JUZGADO:

Que teniendo por presentado este escrito, junto con sus documentos y copias, los admita, les de la tramitación legal oportuna, y, previos los trámites de rigor, decrete la nulidad de todas las actuaciones en el presente juicio hasta el momento inmediatamente anterior al dictado de la [ESPECIFICAR] que decreta la citación edictal de esta parte, y dándonos traslado de la demanda, para su contestación a la dirección obrante en la presente.

Todo ello, con imposición de costas a la adversa por haber actuado con temeridad y mala fe.

Por ser de Justicia, en [LUGAR] a [FECHA].

Letrado D./D.ª [NOMBRE]

[NUMEROCOLEGIADO_ ABOGADO_CLIENTE]

Procurador D./D.ª [NOMBRE]

[NUMEROCOLEGIADO_ PROCURADOR_CLIENTE]

OTROSÍ DIGO: siendo intención de esta parte cumplir con todos los requisitos legales, a tenor de lo previsto en el artículo 231 de la Ley de Enjuiciamiento Civil, se solicita se le diere traslado de cualquier defecto que adoleciere la presente demanda, para la inmediata subsanación de la misma.

SUPLICO AL JUZGADO:

Que tenga por efectuada la anterior manifestación a los efectos oportunos.

Por ser de Justicia, fecha y lugar *ut supra*.

Letrado D./D.ª [NOMBRE]

[NUMEROCOLEGIADO_ ABOGADO_CLIENTE]

Procurador D./D.ª [NOMBRE]

[NUMEROCOLEGIADO_ PROCURADOR_CLIENTE]

---

(1) Poder notarial/*apud acta*

Incidente excepcional de nulidad de actuaciones en proceso civil

S/ Ref.: [NÚMERO]

Procedimiento de origen núm. [NÚMERO]

AL JUZGADO DE PRIMERA INSTANCIA NÚM. [NÚMERO] DE [LUGAR]

D./D.ª [NOMBRE_PROCURADOR_CLIENTE], procurador/a de los tribunales, en nombre y representación de **D./D.ª** [NOMBRE_CLIENTE], tal y como se acredita debidamente con la copia de poder que se acompaña como documento n.º [NÚMERO], bajo la dirección letrada de **D./D.ª** [NOMBRE_ABOGADO_CLIENTE] con [NÚMERO-COLEGIADO_ABOGADO_CLIENTE], ante el juzgado comparezco y, como mejor proceda en Derecho,

DIGO

Por medio del presente escrito y al amparo de lo establecido en los artículos 228 de la LEC y 241 de la LOPJ, vengo a interponer **INCIDENTE DE NULIDAD DE ACTUACIONES** de conformidad con los siguientes,

MOTIVOS

PRIMERO.- De la resolución dictada en el procedimiento de referencia

Con fecha [FECHA], fue dictada sentencia en el procedimiento [NÚMERO] tramitado ante el juzgado al que tengo el honor de dirigirme.

En dicho procedimiento D./D.ª [NOMBRE] era la parte demandada mientras que D./D.ª [NOMBRE] era la demandante.

Pues bien, la sentencia dictada habrá de ser declarada nula de pleno derecho toda vez que, como se expondrá en el motivo siguiente, la misma vulnera el derecho fundamental de mi mandante contemplado en el artículo [NÚMERO] de la CE.

En cuanto a que la denuncia de la mencionada vulneración se produzca ahora, interesa señalar ya desde este momento que mi mandante ha tenido conocimiento de la referida sentencia con fecha [FECHA], lo que supone que se encuentra dentro del plazo a que se refiere el artículo 228 de la LEC **(1)** [DESCRIPCIÓN] **(2)**.

Por otro lado, interesa también señalar que dicha sentencia no es susceptible de recurso ordinario ni extraordinario alguno.

Adjunta se acompaña, como **documento n.º** [NÚMERO], copia de la referida sentencia.

SEGUNDO.- De la vulneración de lo establecido en el artículo [NÚMERO] de la CE **(3)**

Como se ha anticipado en el motivo precedente, [DESCRIPCIÓN] **(4)**.

Pues bien, con dicho fundamento se vulnera el derecho [DESCRIPCIÓN] **(3)** de mi representado, protegido en la Constitución Española.

Efectivamente, [DESCRIPCIÓN] **(4)**.

A estos efectos, se acompaña, como documento n.º [NÚMERO], [DESCRIPCIÓN].

TERCERO.- De la procedencia del incidente de nulidad de actuaciones

Siguiendo lo establecido por el artículo 228 de la LEC, interesa señalar que mi mandante ostenta la condición de parte legítima, toda vez que, como se ha expuesto en el motivo precedente, la sentencia de [FECHA] ha vulnerado su derecho a [DES-CRIPCIÓN] o, lo que es lo mismo, lo establecido en el artículo [NÚMERO] de la CE.

Por otra parte, dicha vulneración no ha podido denunciarse antes de recaer sentencia toda vez que, como también se ha expuesto [DESCRIPCIÓN] **(2)**, y tampoco es susceptible al día de la fecha de recurso ordinario o extraordinario alguno.

Se dirige la presente solicitud de nulidad de actuaciones al juzgado que dictó la sentencia y dentro del plazo conferido al efecto, toda vez que [DESCRIPCIÓN] **(2)**.

Por último, interesa traer a colación el **auto del Tribunal Supremo, rec. 3407/2014, de 5 de abril de 2022, ECLI:ES:TS:2022:5716A**, que establece lo siguiente:

«PRIMERO.- Sobre los incidentes de nulidad de actuaciones.

El artículo 241 de la vigente Ley Orgánica del Poder Judicial dispone que "No se admitirán con carácter general incidentes de nulidad de actuaciones. Sin embargo, excepcionalmente, quienes sean parte legítima o hubieran debido serlo podrán pedir por escrito que se declare la nulidad de actuaciones fundada en cualquier vulneración de un derecho fundamental de los referidos en el artículo 53.2 de la Constitución, siempre que no haya podido denunciarse antes de recaer resolución que ponga fin al proceso y siempre que dicha resolución no sea susceptible de recurso ordinario ni extraordinario".

Si, según acabamos de transcribir, con carácter general no es admisible el incidente de nulidad de actuaciones para evitar que su utilización se convierta en una anómala y rechazable modalidad de recurso contra sentencias o, en general, contra resoluciones judiciales no susceptibles de impugnación, este criterio debe mantenerse de modo singular en lo que se refiere a las sentencias de este Tribunal Supremo, órgano jurisdiccional superior en todos los órdenes, contra las que no cabe recurso. En estos términos de excepcionalidad en la admisión del incidente de nulidad de actuaciones se expresa reiteradamente la jurisprudencia de esta Sala y, entre otras, la sentencia del Tribunal Constitucional 11/2013, de 28 de enero, que reitera la naturaleza excepcional del incidente de nulidad de actuaciones, en los siguientes términos: "[...] En este sentido, el incidente de nulidad de actuaciones sirve, como así ha querido el legislador orgánico, para reparar aquellas lesiones de cualquier derecho fundamental que no puedan serlo a través de los recursos ordinarios o extraordinarios previstos por la ley; su función en materia de tutela de derechos es, por tanto, la misma, en el ámbito de aplicación que le otorga el artículo 241.1 LOPJ, que la realizada como consecuencia de la interposición de un recurso ordinario o extraordinario y como tal debe ser atendida por los órganos judiciales. Ahora bien, con arreglo a lo dispuesto en el párrafo primero del artículo 241.1 LOPJ (en la redacción que le ha dado la Ley Orgánica 6/2007, de 24 de mayo), el incidente de nulidad de actuaciones no es un recurso más, sino un remedio al que se puede acudir excepcionalmente para reparar la vulneración de un derecho fundamental de los referidos en el artículo 53.2 CE, siempre que no haya podido denunciarse antes de recaer resolución que ponga fin al proceso y siempre que dicha resolución no sea susceptible de recurso ordinario ni extraordinario (STC 200/2012, de 12 de noviembre, FJ 3)"».

CUARTO.- Suspensión de la ejecución de la sentencia objeto de nulidad

Ya en último lugar, y toda vez que la sentencia cuya nulidad pretendemos tiene efectos sobre mi mandante, y podría causarle unos graves daños y perjuicios, se solicita que se proceda a la suspensión de su ejecución. Nótese, además, que, de no suspenderse la ejecución, el incidente de nulidad de actuaciones que aquí interponemos podría perder su finalidad.

Por todo ello,

SUPLICO AL JUZGADO:

Que, teniendo por presentado este escrito junto con las copias y los documentos que lo acompañan, se sirva admitirlo, tenga por interpuesto el presente incidente de nulidad de actuaciones, y, previos los trámites oportunos, estime la nulidad de la sentencia de [FECHA], reponiéndose las actuaciones al estado inmediatamente anterior al defecto que la ha causado para continuar el procedimiento legalmente establecido.

Es Justicia que pido en [DESCRIPCIÓN] a [DÍA] de [MES] de [AÑO].

Letrado D./D.ª [NOMBRE]   Procurador D./D.ª [NOMBRE]

[NUMEROCOLEGIADO_   [NUMEROCOLEGIADO_
ABOGADO_CLIENTE]   PROCURADOR_CLIENTE]

OTROSÍ DIGO: que, en atención a lo dispuesto en el artículo 228.2 de la LEC, interesa al derecho de esta parte se acuerde la suspensión de la ejecución de la sentencia cuya nulidad se solicita. En consecuencia,

SUPLICO AL JUZGADO:

Que tenga por hecha la anterior solicitud y, tras los trámites oportunos, acuerde de conformidad con lo pedido.

Por ser de Justicia, fecha y lugar *ut supra*.

Letrado D./D.ª [NOMBRE]   Procurador D./D.ª [NOMBRE]

[NUMEROCOLEGIADO_   [NUMEROCOLEGIADO_
ABOGADO_CLIENTE]   PROCURDOR_CLIENTE]

---

(1) El artículo 228 de la LEC establece que:

«1. No se admitirán con carácter general incidentes de nulidad de actuaciones. Sin embargo, excepcionalmente, quienes sean parte legítima o hubieran debido serlo podrán pedir por escrito que se declare la nulidad de actuaciones fundada en cualquier vulneración de un derecho fundamental de los referidos en el artículo 53.2 de la Constitución, siempre que no haya podido denunciarse antes de recaer resolución que ponga fin al proceso y siempre que dicha resolución no sea susceptible de recurso ordinario ni extraordinario.

Será competente para conocer de este incidente el mismo Tribunal que dictó la resolución que hubiere adquirido firmeza. El plazo para pedir la nulidad será de veinte días, desde la notificación de la resolución o, en todo caso, desde que se tuvo conocimiento del defecto causante de indefensión, sin que, en este último caso, pueda solicitarse la nulidad de actuaciones después de transcurridos cinco años desde la notificación de la resolución.

El Tribunal inadmitirá a trámite, mediante providencia sucintamente motivada, cualquier incidente en el que se pretenda suscitar otras cuestiones. Contra la resolución por la que se inadmita a trámite el incidente no cabrá recurso alguno.

2. Admitido a trámite el escrito en que se pida la nulidad fundada en los vicios a que se refiere el apartado anterior de este artículo, no quedará en suspenso la ejecución y eficacia de la sentencia o resolución irrecurribles, salvo que se acuerde de forma expresa la suspensión para evitar que el incidente pudiera perder su finalidad, por el Letrado de la Administración de Justicia se dará traslado de dicho escrito, junto con copia de los documentos que se acompañasen, en su caso, para acreditar el vicio o defecto en que la petición se funde, a las demás partes, que en el plazo común de cinco días podrán formular por escrito sus alegaciones, a las que acompañarán los documentos que se estimen pertinentes.

Si se estimara la nulidad, se repondrán las actuaciones al estado inmediatamente anterior al defecto que la haya originado y se seguirá el procedimiento legalmente establecido. Si se desestimara la solicitud de nulidad, se condenará, por medio de auto, al solicitante en todas las costas del incidente y, en caso de que el Tribunal entienda que se promovió con temeridad, le impondrá, además, una multa de noventa a seiscientos euros.

Contra la resolución que resuelva el incidente no cabrá recurso alguno».

(2) Exponer aquí las razones que motivan la solicitud de nulidad en este momento y dentro de plazo.

(3) Cualquier ciudadano podrá recabar la tutela de las libertades y derechos reconocidos en el artículo 14 y la Sección primera del Capítulo segundo ante los Tribunales ordinarios por un procedimiento basado en los principios de preferencia y sumariedad y, en su caso, a través del recurso de amparo ante el Tribunal Constitucional. Este último recurso será aplicable a la objeción de conciencia reconocida en el artículo 30 de la CE.

(4) Describir los hechos en los que se basa la nulidad de las actuaciones.

Recurso de apelación solicitando la nulidad de actuaciones (falta de comunicación al demandado)

Procedimiento: [NÚMERO]

Autos: [NÚMERO]

A LA AUDIENCIA PROVINCIAL DE [LUGAR] (1)

D./D.ª [NOMBRE_PROCURADOR_CLIENTE], procurador/a de los tribunales y de D./ D.ª [NOMBRE_CLIENTE], representación que tengo acreditada en autos de procedimiento [DESCRIPCIÓN] n.º [AUTOS_NÚMERO], sobre [DESCRIPCIÓN], seguidos a instancias de mi patrocinado, contra D./D.ª [NOMBRE_PARTECONTRARIA], ante el juzgado comparezco y, como mejor proceda en Derecho,

DIGO

Siguiendo instrucciones de mi mandante, por medio del presente escrito vengo a formular APELACIÓN solicitando **NULIDAD DE ACTUACIONES POR FALTA DE COMUNICACIÓN AL DEMANDADO** con base en los siguientes,

HECHOS

PRIMERO.- Con fecha [FECHA] fue dictada sentencia por este juzgado en virtud de la cual se condena a D./D.ª [NOMBRE_CLIENTE] a [DESCRIPCIÓN].

SEGUNDO.- Las alegaciones formuladas por esta parte deben ser estimadas teniendo en cuenta que no fue notificado ni citado, respetando las garantías procesales debidas. En esta apelación se insta la declaración de nulidad de los trámites posteriores al emplazamiento de esta parte para contestar a la demanda, por no haber tenido oportunidad procesal de denunciar dicha vulneración en la instancia que se siguió en rebeldía de esta parte.

Y todo ello, resultando de aplicación las siguientes,

ALEGACIONES

PREVIA.- Se presenta el recurso de apelación, con base en los artículos 458 y siguientes de la Ley de Enjuiciamiento Civil.

El recurso se presenta en el plazo y en la forma prevista en la ley.

La resolución que se recurre n.º [NÚMERO] de fecha [FECHA], se dictó en procedimiento [ESPECIFICAR].

I.- Se infringen las garantías procesales del proceso civil, y se FORMULA APELACIÓN al amparo del art. 459 de la LEC, con vulneración de lo dispuesto en el art. 24 de la CE en cuanto al derecho fundamental a un proceso con todas las garantías, incurriéndose en motivos de nulidad de pleno derecho en base a los artículos 161 y 225 de la LEC.

En cuanto a los actos de comunicación se exige que se efectúen, siendo posible, personalmente con el interesado, en caso contrario se prevén otros mecanismos. Cabe resaltar, en este sentido, la **sentencia de la AP de Lugo n.º 882/2009, de 14 de diciembre, ECLI:ES:APLU:2009:1000:**

> «De los preceptos transcritos resulta que la ley exige que la citación, el emplazamiento y los actos de comunicación procesal en general, se practiquen personalmente con el interesado. Solo cuando la citación o el emplazamiento

personal no sea factible, la ley admite que se realice con un tercero que se halle en el domicilio o el lugar de trabajo no ocasional de destinatario que por su relación con él, se presume que la hará llegar el acto de comunicación procesal. En la sede del Tribunal o servicio común de notificaciones solo cabe entregar la copia de la comunicación o cédula al destinatario».

Un ejemplo de comunicación a tercero se refleja en la **sentencia de la AP de Tenerife, n.º 5/2012, de 17 de enero, ECLI:ES:APTF:2012:298**, conforme a la cual:

> «(...) entregada la notificación a una persona plenamente identificada por su nombre, apellidos y relación con la recurrente, que además no se negó a recogerla, por lo que la misma es plenamente valida, conforme a la STS no 464/1993, de 17 de mayo .
>
> El examen de las actuaciones y en concreto de la diligencia de citación de fecha 17 de marzo de 2011, pone de manifiesto que recibió la citación la persona que, como aduce la apelada, se identifica con nombre, apellido y DNI, manifestado además ser compañero de piso de la apelante.
>
> El articulo 161. 3 párrafo tercero establece que: "En la diligencia se hará constar el nombre de la persona destinataria de la comunicación y la fecha y la hora en la que fue buscada y no encontrada en su domicilio, así como el nombre de la persona que recibe la copia de la resolución o la cédula y la relación de dicha persona con el destinatario, produciendo todos sus efectos la comunicación así realizada".
>
> Dicha diligencia cumple los requisitos exigidos por el precepto transcrito, siendo en consecuencia valida y eficaz, por lo que no procede declarar la nulidad de actuaciones solicitada por la apelante, que se limita a manifestar que la persona que recibió la notificación era su inquilino y no le entregó la notificación, pero omite como tuvo conocimiento de la existencia del procedimiento en fechas posteriores a la celebración del juicio, o dar explicación concreta, que permita presumir el incumplimiento del receptor de la cedula, de su obligación de entregarla a la persona que es su arrendadora y habita en la misma vivienda».

Aclara, el Tribunal Constitucional en su **sentencia n.º 113/2006, de 5 de abril, ECLI:ES:TC:2006:113**, que «Lo anterior no supone, sin embargo, "que no sean constitucionalmente válidas las formas de comunicación procesal realizadas con personas distintas de los destinatarios del acto o resolución judicial, pues así lo exige el aseguramiento del desarrollo normal del proceso y la necesidad de garantizar el derecho a la tutela judicial efectiva de la contraparte" (STC 21/2006, de 30 de enero, FJ 3). Así, hemos admitido que dichas comunicaciones puedan ser realizadas con terceras personas, esto es, con personas distintas de los destinatarios del acto o resolución, en cuyo caso, el cumplimiento de los requisitos y condiciones legales para practicar la notificación tienen relevancia constitucional en cuanto que son garantía de que el interesado conocerá el acto o resolución que le afecta y podrá, en consecuencia, ejercer adecuadamente su derecho de defensa (por todas, SSTC 199/2002, de 28 de septiembre, FJ 2; 19/2004, de 23 de febrero, FJ 4; y 21/2006, de 20 de enero, FJ 3). Ahora bien, en estos supuestos hemos dicho que "si bien el legislador permite en ocasiones que el acto de comunicación procesal se realice a persona diferente del interesado, establece una serie de requisitos para tal modalidad de llamamiento que el acto ha de cumplir, pues aquellas exigencias encuentran su razón de ser y finalidad última en la garantía de que el destinatario del acto tendrá oportuna noticia del mismo [y] (...) por ello, el cumplimiento de tales requisitos deberá examinarse en cada supuesto concreto de conformidad con aquella ratio y fundamento que inspira su existencia" (SSTC 195/1990, de 29 de noviembre, FJ 3; y 21/2006, de 20 de enero, FJ 3)».

Poniendo en relación la nulidad con el recurso de apelación, la **sentencia del Tribunal Supremo n.º 599/2009, de 2 de octubre, ECLI:ES:TS:2009:6154**, señala:

> «La normativa reguladora de la nulidad de las actuaciones judiciales se contiene en los arts. 238 y ss de la LOPJ y en los arts. 225 y ss. de la LEC 2000. Está inspirada en un criterio claramente restrictivo de la declaración de nulidad a la par que conservador de dichos actos que se manifiesta en diversos condicionamientos y, entre ellos, los siguientes: a) permitir en lo posible la subsanación de los defectos cometidos de manera que solo pueda decretarse la nulidad cuando la falta sea insubsanable o no se subsanare por el procedimiento legal (arts. 11.3, 240.2 y 243 LOPJ y 231 LEC); y b) ponderar la entidad del vicio observado, exigiendo que, en todo caso, la infracción procesal haya producido efectiva y no solo formal indefensión a las partes, de modo que, para que se acuerde la nulidad, no basta con constatar la existencia de cualquier incumplimiento o violación de las normas de procedimiento, sino que además es preciso que con ello se haya colocado a las partes en una situación de real indefensión (arts. 238-3 LOPJ y 225-3 LEC).
>
> En este sentido, una reiterada doctrina jurisprudencial, tras diferenciar entre indefensión formal e indefensión material solo otorga relevancia constitucional, a los efectos del art. 24.1 CE, a la segunda, entendida como entorpecimiento o limitación sustancial en la defensa de los derechos e intereses o abierta ruptura del equilibrio entre las partes, por lo cual la mera inaplicación o infracción de la norma procesal que se identificaría con el concepto jurídico-formal de indefensión si bien suele ser condición necesaria no es suficiente para entender vulnerado el derecho fundamental a la tutela judicial sin que se produzca indefensión ya que ello exige que exista un efectivo y real menoscabo del derecho de defensa con el consiguiente perjuicio para los intereses del afectado (SSTC 17 junio 1987, 13 febrero 1989, 22 octubre 1990, 6 junio 1991, 24 enero 1995, 16 marzo 1998 y 17 abril 2000)».

A colación de lo anterior, la **sentencia de la AP de Barcelona n.º 156/2022, de 11 de marzo, ECLI:ES:APB:2022:2835**, añade:

> «(...) Como recoge la STS del 7 de octubre de 2016 (ROJ: STS 4294/2016), si bien en interpretación del art. 469-2 LEC, la denuncia en la instancia de la infracción procesal "Es un requisito inexcusable, una carga impuesta a las partes, que obliga a reaccionar en tiempo y forma, con la debida diligencia, en defensa de sus derechos, ya que de no hacerlo así, pierden la oportunidad de denunciar la irregularidad procesal a través del recurso extraordinario", en este caso, en la segunda instancia.
>
> Por último, es doctrina jurisprudencial constante, por todas la STS del 8 de enero de 2020 (ROJ: STS 8/2020) y las sentencias del Tribunal Constitucional que en ella se citan, que no existe menoscabo del derecho fundamental a la tutela judicial efectiva cuando la indefensión alegada se debe a la pasividad, desinterés, negligencia, error técnico o impericia de las partes o profesionales que las representan o defiendan».

II.- En concreto, se infringen los artículos 155, 156 y 164 de la LEC (1) de la LEC y la jurisprudencia que los interpreta en orden a la comunicación edictal, pues se acudió a este medio subsidiario sin realizar averiguación alguna del domicilio de mi representado, cuando consta en el padrón de habitantes del ayuntamiento de esta localidad al que mi representado pertenece que su domicilio se halla en [DOMICILIO_CLIENTE].

En este sentido, el **auto de la AP de Tenerife n.º 215/2010, de 15 de noviembre, ECLI:ES:APTF:2010:2261A**, establece: «(...) De lo que resulta que se parte como domicilio del demandado el que se designa en la demanda, y para el caso de que el demandante manifestare su imposibilidad de designación de domicilio o residencia del demandado, el artículo 156 LEC establece las pautas a seguir para su averiguación por el tribunal, (...)».

En lugar de realizar las averiguaciones oportunas, el juzgado, ante la diligencia negativa de emplazamiento en el domicilio facilitado por el demandante, acordó el emplazamiento edictal, lo que infringe los preceptos antes mencionados. La actuación judicial ha supuesto una vulneración del derecho de defensa de esta parte, pues mi mandante se ha visto indefenso al no poder intervenir en la instancia, no siendo reparable tal infracción en esta instancia, puesto que se impide formular reconvención a esta parte.

III.- Al amparo del artículo 460 de la LEC, aportamos la siguiente prueba:

[DESCRIPCIÓN]

Por todo lo expuesto,

SUPLICO:

Que, teniendo por presentado este escrito, documentos y copias, los admita y acuerde su unión a los autos de su razón, así como que, de conformidad con lo anteriormente expuesto, conforme a la grave infracción denunciada, acuerde que procede decretar **la nulidad de todo lo actuado a partir del momento del emplazamiento en la instancia**, debiendo retrotraerse las actuaciones a dicho momento procesal.

Por ser Justicia que se pide en [CIUDAD] a [DÍA] de [MES] de [AÑO].

Letrado D./D.ª [NOMBRE]	Procurador D./D.ª [NOMBRE]
[NUMEROCOLEGIADO_ ABOGADO_CLIENTE]	[NUMEROCOLEGIADO_ PROCURADOR_CLIENTE]

OTROSÍ DIGO: de forma subsidiaria a la petición de nulidad de actuaciones y para el caso de no acordarse la nulidad, al amparo de lo dispuesto en el artículo 460.3 de la LEC, **SOLICITO EL RECIBIMIENTO A PRUEBA EN ESTA SEGUNDA INSTANCIA** en base a haberse seguido el proceso en rebeldía no imputable a esta parte, con grave indefensión, proponiendo la que se relaciona en el suplico por ser pertinente y útil al esclarecimiento de los hechos alegados.

SUPLICO:

Que tenga por presentado el presente escrito, que reciba el proceso a prueba en la segunda instancia, se sirva de admitirlo y señale vista para su práctica, proponiendo los siguientes medios de prueba:

- [DESCRIPCIÓN].

- [DESCRIPCIÓN].

Por ser Justicia que se pide en [CIUDAD] a [DÍA] de [MES] de [AÑO].

Letrado D./D.ª [NOMBRE]	Procurador D./D.ª [NOMBRE]
[NUMEROCOLEGIADO_ ABOGADO_CLIENTE]	[NUMEROCOLEGIADO_ PROCURADOR_CLIENTE]

---

(1) El artículo 458 de la LEC se ve reformado por el RD-ley 6/2023, de 19 de diciembre, con entrada en vigor el 20/03/2024. Desde esa fecha el recurso de apelación se interpondrá ante

el tribunal competente para conocerlo. Hasta el 19/03/2024 (inclusive) se seguirá interponiendo ante el tribunal que haya dictado la resolución que se impugne.

(2) Artículo 164, párrafo 1º, de la LEC: «Cuando, practicadas en su caso las averiguaciones a que se refiere el artículo 156, no pudiere conocerse el domicilio del destinatario de la comunicación, o cuando no pudiere hallársele ni efectuarse la comunicación con todos sus efectos, conforme a lo establecido en los artículos anteriores, o cuando así se acuerde en el caso a que se refiere el apartado 2 del artículo 157, el letrado o letrada de la Administración de Justicia, consignadas estas circunstancias, mandará que se haga la comunicación, a través del Tablón Edictal Judicial Único, salvaguardando en todo caso los derechos e intereses de menores, así como otros derechos y libertades que pudieran verse afectados por la publicidad de los mismos». El RD-ley 6/2023, de 19 de diciembre, modifica este artículo con entrada en vigor el 20/03/2024. El extracto mostrado anteriormente constituye la versión vigente desde esa fecha. Hasta la misma la versión aplicable es: «Cuando, practicadas en su caso las averiguaciones a que se refiere el artículo 156, no pudiere conocerse el domicilio del destinatario de la comunicación, o cuando no pudiere hallársele ni efectuarse la comunicación con todos sus efectos, conforme a lo establecido en los artículos anteriores, o cuando así se acuerde en el caso a que se refiere el apartado 2 del artículo 157, el Letrado de la Administración de Justicia, consignadas estas circunstancias, mandará que se haga la comunicación fijando la copia de la resolución o la cédula en el tablón de anuncios de la oficina judicial de conformidad con la Ley 18/2011, de 5 de julio, reguladora del uso de las tecnologías de la información y la comunicación en la Administración de Justicia, salvaguardando en todo caso los derechos e intereses de menores, así como otros derechos y libertades que pudieran verse afectados por la publicidad de los mismos. Tal publicidad podrá ser sustituida, en los términos que reglamentariamente se determinen, por la utilización de otros medios telemáticos, informáticos o electrónicos».

Recurso de apelación solicitando la nulidad de actuaciones en el proceso civil por vulneración de la tutela judicial efectiva

S/Ref.: [NÚMERO]

A LA AUDIENCIA PROVINCIAL DE [LUGAR] **(1)**

D./D.ª [NOMBRE_PROCURADOR_CLIENTE], procurador/a de los tribunales, en nombre y representación de **D./D.ª** [NOMBRE_CLIENTE], tal y como se acredita debidamente con la copia de poder que se acompaña como documento n.º [NÚMERO], bajo la dirección letrada de **D./D.ª** [NOMBRE_ABOGADO_CLIENTE] con [NÚMERO-COLEGIADO_ABOGADO_CLIENTE], ante el juzgado comparezco y, como mejor proceda en Derecho,

DIGO

Siguiendo instrucciones de mi mandante, por medio del presente escrito vengo a formular **APELACIÓN** solicitando **NULIDAD DE ACTUACIONES POR VULNERACIÓN DE LA TUTELA JUDICIAL EFECTIVA** con base en los siguientes,

HECHOS

PRIMERO.- Con fecha [FECHA] fue dictada sentencia por este Juzgado que contiene el siguiente fallo [ESPECIFICAR].

Se adjunta como **documento n.º** [NÚMERO] copia de la referida sentencia.

SEGUNDO.- Las alegaciones formuladas por esta parte deben ser estimadas teniendo en cuenta que ni el tribunal ni la sala pueden valorar las pruebas practicadas en la vista y por lo tanto, respetar las garantías procesales debidas. En esta apelación se insta la declaración de nulidad del juicio oral de [FECHA] y de todas las actuaciones posteriores, sin que proceda conocer del fondo de la cuestión litigiosa.

Y todo ello, resultando de aplicación las siguientes,

ALEGACIONES

PREVIA.- Se presenta el recurso de apelación, con base al artículo 458 y siguientes de la Ley de Enjuiciamiento Civil.

El recurso se presenta en el plazo y en la forma prevista en la ley.

La resolución que se recurre n.º [NÚMERO] de fecha [FECHA], se dictó en procedimiento [ESPECIFICAR] .

I.- Se infringen las garantías procesales del proceso civil, y se **FORMULA APELACIÓN** al amparo del artículo 459 de la LEC, con vulneración de lo dispuesto en el art. 24 de la CE en cuanto al derecho fundamental a un proceso con todas las garantías, incurriéndose en los motivos de nulidad de pleno derecho del art. 225.3.º de la LEC.

II.- El sistema de grabación utilizado en la vista del juicio [ESPECIFICAR] resultó inaudible, por lo que entiende esta parte la necesidad de que se declare la nulidad de actuaciones, sin que proceda pronunciamiento de fondo sobre el recurso [ESPECIFICAR].

Es reiterada la doctrina del Tribunal Constitucional que pone de manifiesto que el derecho fundamental a la tutela judicial efectiva incluye como contenido básico el derecho a obtener de los órganos judiciales una respuesta a las pretensiones planteadas que sea motivada y fundada en derecho y no manifiestamente arbitraria e irrazonable.

Por lo que, la anterior doctrina quedaría vulnerada si [ESPECIFICAR_SALA_AUDIENCIA] pasara a conocer del recurso interpuesto obviando la imposibilidad de oír y por tanto valorar las pruebas practicadas en el juicio oral y las alegaciones de las partes en esa fase procesal.

En efecto, el art. 147 de la LEC (2) establece que la documentación de las actuaciones orales en vistas y comparecencias se registrarán en soporte apto para la grabación y reproducción del sonido y de la imagen. En el mismo sentido se pronuncia el art. 187 del mismo texto legal, prescribiendo el apartado segundo del precepto que, si los medios de registro no pudieran utilizarse por cualquier causa, la vista se documentará por medio de acta realizada por el/la letrado/a de la Administración de Justicia.

Pues bien, en el caso que nos ocupa se han incumplido los preceptos de referencia. Al final del juicio oral se hizo constar que el acto se registró en soporte que recoge la imagen y el sonido. El/la letrado/a de la Administración de Justicia no extendió más que un acta sucinta, limitándose a consignar los datos personales de las partes, testigos y peritos que comparecieron.

Se acompaña como **documento n.º** [NÚMERO] copia del soporte de grabación y como **documento n.º** [NÚMERO] copia del acta del/la letrado/a de la Administración de Justicia.

III.- Por lo que, sentado lo que antecede, entiende esta parte que la nulidad es la única solución para salvaguardar los derechos de ambas partes. Ello es así fundamentalmente porque el recurso se articula sobre el error en la apreciación de la prueba, y aunque existe una amplia documental, las deficiencias de grabación afectan a testificales y periciales de importancia para la resolución de fondo.

En casos similares esa ha sido la decisión adoptada por la mayoría de las audiencias provinciales, como es ejemplo, entre otras muchas, la **sentencia de la Audiencia Provincial de Jaén n.º 64/2004, de 23 de marzo, ECLI:ES:APJ:2004:401**.

Es de destacar, asimismo, en un caso idéntico al examinado, **la sentencia de la Audiencia Provincial de Sevilla n.º 683/2003 de 18 de diciembre, ECLI:ES:APSE:2003:4591**, en la que se concluye que **la falta de acreditación del contenido del juicio conlleva necesariamente la nulidad de actuaciones**, y fundamentalmente en los supuestos como el presente en los que el objeto del recurso es la valoración de la prueba efectuada por el juzgador de instancia, pues la naturaleza plenamente revisora del recurso de apelación exige que el tribunal pueda tener pleno y total conocimiento de cómo se celebró el juicio, lo que no se produce si se constata, como en el caso presente, que no puede por el C.D. reproducirse el mismo, y el acta es tan sucinta que no cabe suplir con garantía y eficacia la inexistencia del soporte videográfico.

Si bien, esta parte no cuestiona que las pruebas se llevaron a cabo con las formalidades legales, pues en efecto tuvieron lugar en presencia del juez y de las partes, con intervención del letrado de la Administración de Justicia, y por tanto con la contradicción exigida legal y jurisprudencialmente.

Ahora bien, no puede olvidarse que el recurso de apelación confiere a la sala la posibilidad de examinar de nuevo las actuaciones, conforme a la prueba practicada en la instancia o que se practique ante el tribunal de acuerdo con el art. 456.1 de la LEC, y es evidente que esa función no puede realizarse, omitiendo las pruebas inaudibles, que impedirían el adecuado enjuiciamiento de la causa.

En definitiva, y por todas las razones expuestas debe declararse la nulidad del juicio oral y de todas las actuaciones posteriores, solicitada conforme al art. 240.1 de la LOPJ, sin que proceda conocer del fondo de la cuestión litigiosa.

Por todo ello,

SUPLICO A LA AUDIENCIA:

Que, teniendo por presentado este escrito junto con las copias y los documentos que lo acompañan, se sirva admitirlo, tenga por interpuesto el presente **RECURSO DE APELACIÓN** de nulidad de actuaciones, y, previos los trámites oportunos, estime la nulidad del juicio oral de [FECHA] y de todas las actuaciones posteriores conforme al artículo 240.1 de la LOPJ, sin que proceda conocer del fondo de la cuestión litigiosa.

Es Justicia que pido en [DESCRIPCIÓN] a [DÍA] de [MES] de [AÑO].

Letrado D./D.ª [NOMBRE]	Procurador D./D.ª [NOMBRE]
[NUMEROCOLEGIADO_ ABOGADO_CLIENTE]	[NUMEROCOLEGIADO_ PROCURADOR_CLIENTE]

---

(1) El artículo 458 de la LEC se ve reformado por el RD-ley 6/2023, de 19 de diciembre, con entrada en vigor el 20/03/2024. Desde esa fecha el recurso de apelación se interpondrá ante el tribunal competente para conocerlo. Hasta el 19/03/2024 (inclusive) se seguirá interponiendo ante el tribunal que haya dictado la resolución que se impugne.

(2) El RD-ley 6/2023, de 19 de diciembre, modifica el artículo 147 de la LEC con entrada en vigor el 20/03/2024.

Incidente excepcional de nulidad de actuaciones en proceso civil (art. 225.4.º LEC)

S/ Ref.: [NÚMERO]

Procedimiento de origen n.º [NÚMERO]

AL JUZGADO DE PRIMERA INSTANCIA N.º [NÚMERO] DE [LUGAR]

D./D.ª [NOMBRE_PROCURADOR_CLIENTE], procurador/a de los tribunales, en nombre y representación de D./D.ª [NOMBRE CLIENTE], tal y como se acredita debidamente con la copia de poder que se acompaña como documento n.º [NÚMERO], bajo la dirección letrada de D./D.ª [NOMBRE_ABOGADO_CLIENTE] con n.º de colegiado/a [NÚMERO], ante el juzgado comparezco y, como mejor proceda en Derecho,

DIGO

Por medio del presente escrito y al amparo de lo establecido en los artículos 228 de la LEC y 241 de la LOPJ, vengo a interponer **INCIDENTE DE NULIDAD DE ACTUACIONES** de conformidad con los siguientes,

MOTIVOS

PRIMERO.- De la resolución dictada en el procedimiento de referencia

Con fecha [FECHA], fue dictada sentencia en el procedimiento [NÚMERO] tramitado ante el juzgado al que tengo el honor de dirigirme.

En dicho procedimiento D./D.ª [NOMBRE] era la parte demandada mientras que D./D.ª [NOMBRE] era la demandante.

Pues bien, la sentencia dictada habrá de ser declarada nula de pleno derecho toda vez que, como se expondrá en el motivo siguiente, la misma vulnera el derecho fundamental de mi mandante contemplado en el artículo [NÚMERO] de la CE.

En cuanto a que la denuncia de la mencionada vulneración se produzca ahora, interesa señalar ya desde este momento que mi mandante ha tenido conocimiento de la referida sentencia con fecha [FECHA], lo que supone que se encuentra dentro del plazo a que se refiere el artículo 228 de la LEC (1) [DESCRIPCIÓN] (2).

Por otro lado, interesa también señalar que dicha sentencia no es susceptible de recurso ordinario ni extraordinario alguno.

Adjunta se acompaña, como **documento n.º** [NÚMERO], copia de la referida sentencia.

SEGUNDO.- De la vulneración de lo establecido en el artículo 24.2 de la CE

Como se ha anticipado en el motivo precedente, [DESCRIPCIÓN] (3).

Pues bien, con dicho fundamento se vulneran **las garantías que integran el derecho a un proceso justo que incluye el derecho a la defensa y a la asistencia letrada,** consagrado en el artículo 24.2 de la CE, y cuya finalidad es la de asegurar la efectiva realización de los principios de igualdad de las partes y de contradicción que imponen a los órganos el deber positivo de evitar desequilibrios entre la respectiva posición procesal de las partes o limitaciones en la defensa que puedan generar alguna de ellas la indefensión prohibida por el artículo 24.1 de la CE.

Efectivamente, [DESCRIPCIÓN] (3).

A estos efectos, se acompaña, como **documento n.º** [NÚMERO], [DESCRIPCIÓN].

TERCERO.- De la procedencia del incidente de nulidad de actuaciones

Siguiendo lo establecido por el artículo 228 de la LEC, interesa señalar que mi mandante ostenta la condición de parte legítima, toda vez que, como se ha expuesto en el motivo precedente, la sentencia de [FECHA] ha vulnerado sus **garantías en relación con el derecho a un proceso justo, incluyendo el derecho a la defensa y a la asistencia letrada que el artículo 24.2 de la CE consagra**, y cuya finalidad es la de asegurar la efectiva realización de los principios de igualdad de las partes y de contradicción.

Por otra parte, dicha vulneración no ha podido denunciarse antes de recaer sentencia toda vez que, como también se ha expuesto [DESCRIPCIÓN] (2), y tampoco es susceptible, al día de la fecha, de recurso ordinario o extraordinario alguno.

Se dirige la presente solicitud de nulidad de actuaciones al juzgado que dictó la sentencia y dentro del plazo conferido al efecto, toda vez que [DESCRIPCIÓN] (2).

Por último, interesa traer a colación el **auto del Tribunal Supremo, rec. 3407/2014, de 5 de abril de 2022, ECLI:ES:TS:2022:5716A**, el cual establece lo siguiente:

«PRIMERO.- Sobre los incidentes de nulidad de actuaciones.

El artículo 241 de la vigente Ley Orgánica del Poder Judicial dispone que "No se admitirán con carácter general incidentes de nulidad de actuaciones. Sin embargo, excepcionalmente, quienes sean parte legítima o hubieran debido serlo podrán pedir por escrito que se declare la nulidad de actuaciones fundada en cualquier vulneración de un derecho fundamental de los referidos en el artículo 53.2 de la Constitución, siempre que no haya podido denunciarse antes de recaer resolución que ponga fin al proceso y siempre que dicha resolución no sea susceptible de recurso ordinario ni extraordinario".

Si, según acabamos de transcribir, con carácter general no es admisible el incidente de nulidad de actuaciones para evitar que su utilización se convierta en una anómala y rechazable modalidad de recurso contra sentencias o, en general, contra resoluciones judiciales no susceptibles de impugnación, este criterio debe mantenerse de modo singular en lo que se refiere a las sentencias de este Tribunal Supremo, órgano jurisdiccional superior en todos los órdenes, contra las que no cabe recurso. En estos términos de excepcionalidad en la admisión del incidente de nulidad de actuaciones se expresa reiteradamente la jurisprudencia de esta Sala y, entre otras, la sentencia del Tribunal Constitucional 11/2013, de 28 de enero, que reitera la naturaleza excepcional del incidente de nulidad de actuaciones, en los siguientes términos: "[...] En este sentido, el incidente de nulidad de actuaciones sirve, como así ha querido el legislador orgánico, para reparar aquellas lesiones de cualquier derecho fundamental que no puedan serlo a través de los recursos ordinarios o extraordinarios previstos por la ley; su función en materia de tutela de derechos es, por tanto, la misma, en el ámbito de aplicación que le otorga el artículo 241.1 LOPJ, que la realizada como consecuencia de la interposición de un recurso ordinario o extraordinario y como tal debe ser atendida por los órganos judiciales. Ahora bien, con arreglo a lo dispuesto en el párrafo primero del artículo 241.1 LOPJ (en la redacción que le ha dado la Ley Orgánica 6/2007, de 24 de mayo), el incidente de nulidad de actuaciones no es un recurso más, sino un remedio al que se puede acudir excepcionalmente para reparar la vulneración de un derecho fundamental de los referidos en el artículo 53.2 CE, siempre que no haya podido denunciarse antes de recaer resolución que ponga fin al proceso y siempre que dicha resolución no sea susceptible de recurso ordinario ni extraordinario (STC 200/2012, de 12 de noviembre, FJ 3)"».

CUARTO.- Suspensión de la ejecución de la sentencia objeto de nulidad

Ya en último lugar, y toda vez que la sentencia cuya nulidad pretendemos tiene efectos sobre mi mandante, y podría causarle unos graves daños y perjuicios, se solicita que se proceda a la suspensión de su ejecución. Nótese, además, que, de no suspenderse la ejecución, el incidente de nulidad de actuaciones que aquí interponemos podría perder su finalidad.

Por todo ello,

SUPLICO AL JUZGADO:

Que, teniendo por presentado este escrito junto con las copias y los documentos que lo acompañan, se sirva admitirlo, tenga por interpuesto el presente incidente de nulidad de actuaciones, y, previos los trámites oportunos, estime la nulidad de la sentencia de [FECHA], reponiéndose las actuaciones al estado inmediatamente anterior al defecto que la ha causado para continuar el procedimiento legalmente establecido.

Es Justicia que pido en [DESCRIPCIÓN] a [DÍA] de [MES] de [AÑO].

Letrado D./D.ª [NOMBRE]	Procurador D./D.ª [NOMBRE]
[NUMEROCOLEGIADO_ ABOGADO_CLIENTE]	[NUMEROCOLEGIADO_ PROCURADOR_CLIENTE]

OTROSÍ DIGO: en atención a lo dispuesto en el artículo 228.2 de la LEC, interesa al derecho de esta parte se acuerde la suspensión de la ejecución de la sentencia cuya nulidad se solicita.

En consecuencia,

SUPLICO AL JUZGADO:

Que tenga por hecha la anterior solicitud y, tras los trámites oportunos, acuerde de conformidad con lo pedido.

Por ser de Justicia, fecha y lugar *ut supra*.

Letrado D./D.ª [NOMBRE]	Procurador D./D.ª [NOMBRE]
[NUMEROCOLEGIADO_ ABOGADO_CLIENTE]	[NUMEROCOLEGIADO_ PROCURADOR_CLIENTE]

---

(1) El artículo 228 de la LEC establece:

«1. No se admitirán con carácter general incidentes de nulidad de actuaciones. Sin embargo, excepcionalmente, quienes sean parte legítima o hubieran debido serlo podrán pedir por escrito que se declare la nulidad de actuaciones fundada en cualquier vulneración de un derecho fundamental de los referidos en el artículo 53.2 de la Constitución, siempre que no haya podido denunciarse antes de recaer resolución que ponga fin al proceso y siempre que dicha resolución no sea susceptible de recurso ordinario ni extraordinario.

Será competente para conocer de este incidente el mismo Tribunal que dictó la resolución que hubiere adquirido firmeza. El plazo para pedir la nulidad será de veinte días, desde la notificación de la resolución o, en todo caso, desde que se tuvo conocimiento del defecto causante de indefensión, sin que, en este último caso, pueda solicitarse la nulidad de actuaciones después de transcurridos cinco años desde la notificación de la resolución.

El Tribunal inadmitirá a trámite, mediante providencia sucintamente motivada, cualquier incidente en el que se pretenda suscitar otras cuestiones. Contra la resolución por la que se inadmita a trámite el incidente no cabrá recurso alguno.

2. Admitido a trámite el escrito en que se pida la nulidad fundada en los vicios a que se refiere el apartado anterior de este artículo, no quedará en suspenso la ejecución y eficacia de la sentencia o resolución irrecurribles, salvo que se acuerde de forma expresa la suspensión

para evitar que el incidente pudiera perder su finalidad, por el Letrado de la Administración de Justicia se dará traslado de dicho escrito, junto con copia de los documentos que se acompañasen, en su caso, para acreditar el vicio o defecto en que la petición se funde, a las demás partes, que en el plazo común de cinco días podrán formular por escrito sus alegaciones, a las que acompañarán los documentos que se estimen pertinentes.

Si se estimara la nulidad, se repondrán las actuaciones al estado inmediatamente anterior al defecto que la haya originado y se seguirá el procedimiento legalmente establecido. Si se desestimara la solicitud de nulidad, se condenará, por medio de auto, al solicitante en todas las costas del incidente y, en caso de que el Tribunal entienda que se promovió con temeridad, le impondrá, además, una multa de noventa a seiscientos euros.

Contra la resolución que resuelva el incidente no cabrá recurso alguno».

(2) Exponer aquí las razones que motivan la solicitud de nulidad en este momento y dentro de plazo.

(3) Describir los hechos en los que se basa la nulidad de las actuaciones.

Oposición a nulidad de actuaciones por sentencia dictada fuera de plazo

Procedimiento: [DESCRIPCIÓN]

Autos: [NÚMERO]/[AÑO]

AL JUZGADO DE PRIMERA INSTANCIA N.º [NÚMERO] DE [LOCALIDAD]

D./D.ª [NOMBRE_PROCURADOR_CLIENTE], procurador/a de los tribunales, en nombre y representación de **D./ D.ª** [NOMBRE_CLIENTE], con domicilio en [DOMICILIO_CLIENTE], y provisto de DNI número [NIF_CIF_DNI_CLIENTE] tal y como consta en las actuaciones referenciadas, con la asistencia del/de la letrado/a **D./D.ª** [NOMBRE_ABOGADO_CLIENTE], ante este juzgado comparezco y, como mejor proceda en Derecho,

DIGO

Por medio del presente escrito formulo **OPOSICIÓN AL INCIDENTE DE NULIDAD DE ACTUACIONES** instado por **D./D.ª** [NOMBRE_PARTECONTRARIA], y todo ello con base en los siguientes,

HECHOS

PRIMERO.- Con fecha [FECHA] fue dictada sentencia por este juzgado en virtud de la cual se condena a **D./D.ª** [NOMBRE_PARTECONTRARIA] a [DESCRIPCIÓN], declarándose la firmeza de la misma en fecha [FECHA].

Se adjunta como **documento n.º** [NÚMERO] y como **documento n.º** [NÚMERO], fallo y firmeza del mismo, respectivamente.

SEGUNDO.- El plazo fijado por la ley para dictar la sentencia en el caso de autos es de [NÚMERO] día, conforme [ESPECIFICAR] **(1)**. La citada resolución, como se refleja en el hecho anterior, es de [FECHA].

TERCERO.- Con fecha [FECHA] la adversa, vencida en el procedimiento referido, formuló solicitud de nulidad de las actuaciones basada en el hecho de haberse dictado la sentencia fuera del plazo legalmente establecido, alegando la irregularidad que ello supone para el proceso.

[ESPECIFICAR_OTROS_HECHOS_EN_SU_CASO].

A los anteriores hechos, resultan de aplicación los siguientes,

FUNDAMENTOS DE DERECHO

I.- La parte presenta el incidente excepcional de nulidad de actuaciones sin acreditar que se hayan agotado los recursos previos que pudieran plantearse, ni haber denunciado el motivo de la nulidad con anterioridad a los efectos de su corrección, a pesar de haber tenido conocimiento del mismo.

Esto de conformidad con lo pautado con carácter general en el artículo 228.1 de la LEC y en el artículo 241 de la LOPJ:

> «No se admitirán con carácter general incidentes de nulidad de actuaciones. Sin embargo, excepcionalmente, quienes sean parte legítima o hubieran debido serlo podrán pedir por escrito que se declare la nulidad de actuaciones fundada en cualquier vulneración de un derecho fundamental de los referidos en el artículo 53.2 de la Constitución, siempre que no haya podido denunciarse antes de recaer resolución que ponga fin al proceso y siempre que dicha resolución no sea susceptible de recurso ordinario ni extraordinario».

II.- Cabe destacar el carácter excepcional del incidente de nulidad de actuaciones. En este sentido el auto del Tribunal Supremo, rec. 1912/2011, de 19 de junio de 2012, ECLI:ES:TS:2012:6544A, señala lo que sigue:

> «1.- El artículo 241.1 Ley Orgánica Poder Judicial, en la vigente redacción dada por la Ley Orgánica 6/2007, de veinticuatro de mayo, prevé con carácter excepcional el incidente de nulidad de actuaciones fundado en cualquier vulneración de un derecho fundamental de los referidos en el artículo 53.2 de la Constitución, siempre que no haya podido denunciarse antes de recaer resolución que ponga fin al proceso y siempre que dicha resolución no sea susceptible de recurso ordinario ni extraordinario. La mencionada excepcionalidad con que se configura el incidente de nulidad de actuaciones regulado en la Ley Orgánica del Poder Judicial pese a la ampliación de los motivos para fundar su solicitud, conlleva un riguroso examen de los presupuestos a los que el referido precepto condiciona su admisibilidad e impone la perfecta delimitación de su ámbito, en evitación de que se articule una vía de impugnación alternativa al margen de los recursos ordinarios que procedan, o que se habilite un nuevo cauce impugnatorio».

Asimismo, la **sentencia del Tribunal Supremo n.º 318/2018, de 30 de mayo,** ECLI:ES:TS:2018:2012, señala que «3.-La nulidad de actuaciones constituye un remedio extraordinario de muy estricta y excepcional aplicación, que incluso queda aún más limitada cuando se conoce del procedimiento por vía de recurso de apelación o casación civil (...)».

Carácter extraordinario reiterado más recientemente por la **sentencia del Tribunal Superior de Justicia de Cataluña n.º 5578/2022, de 25 de octubre,** ECLI:ES:TSJCAT:2022:9293: «De conformidad con reiterada doctrina jurisprudencial, la nulidad de actuaciones constituye un remedio extraordinario al que únicamente cabe acudir en los supuestos en los que concurra una efectiva situación de indefensión que no resulte posible subsanar de otro modo».

III.- Si bien las sentencias habrán de dictarse en el plazo fijado legalmente como así lo refleja el artículo 211.1 de la LEC cuando dice que «Las resoluciones de Tribunales y Letrados de la Administración de Justicia serán dictadas dentro del plazo que la ley establezca», no es menos cierto que la inobservancia de ese plazo no da lugar a la nulidad de la actuación, sino a una simple corrección disciplinaria. Así añade el apartado segundo, del citado art. 211 de la LEC: «La inobservancia del plazo dará lugar a corrección disciplinaria, a no mediar justa causa, que se hará constar en la resolución».

En esta misma línea, también resulta relevante el artículo 229 de la LEC, que en los mismos términos que el artículo 242 de la LOPJ, señala que «Las actuaciones judiciales realizadas fuera del tiempo establecido sólo podrán anularse si lo impusiere la naturaleza del término o plazo».

Pues bien, de lo anterior se deduce, por tanto, que el hecho de dictar la sentencia fuera de plazo constituye una irregularidad y no es por sí causa de nulidad como pretende la parte contraria al plantear el incidente. Cabe citar la **sentencia de la AP de Madrid n.º 313/2013, de 26 de septiembre,** ECLI:ES:APM:2013:13296:

> «(...) En este sentido es reiterada la doctrina jurisprudencial conforme a la cual, el dictado de una sentencia **fuera de plazo es una irregularidad que no produce indefensión, por lo que no puede dar lugar a la nulidad** (que por otra parte no se ha instado por el recurrente) —por todas, las Sentencias de Tribunal Supremo de 16 de febrero de 1991 y 30 de enero de 1996, lo cual es conforme con lo dispuesto en el artículo 229 LEC y 242 LOPJ (...)».

IV.- En relación con el fundamento anterior, entiende esta parte que tampoco es reconducible la nulidad por la vía de la vulneración del derecho a un proceso sin dilaciones indebidas, en tanto no se coloca a la parte contraria en situación de indefensión, requisito este que resulta del citado art. 228 y del art. 225.3.º de la LEC.

Así, el Tribunal Constitucional ha declarado reiteradamente que el **mero incumplimiento de los plazos procesales, por sí mismo, no constituye violación del derecho a un proceso sin dilaciones indebidas**, la cual, de entenderse producida, podría derivar en la nulidad radical de las actuaciones, concurriendo indefensión (**sentencia del TSJ de Canarias n.º 182/2017, de 10 de marzo, ECLI:ES:TSJICAN:2017:1148**).

La regla general, en relación con las actuaciones realizadas fuera de plazo, es la **eficacia del acto** en cuestión, siendo la anulación la excepción. Así se refleja en la **sentencia de la AP de A Coruña n.º 31/2003, de 11 de febrero, ECLI:ES:APC:2003:291**:

> «(…) el acto judicial realizado fuera de plazo sólo puede anularse si, como exige el art. 229 de la LEC, que reitera las previsiones del art. 241 de la LOPJ, así lo impone la naturaleza del término o el plazo, de manera que la regla general es la eficacia del acto, frente a la que la anulación es la excepción, siendo la propia incidencia del requisito del tiempo en el concreto acto procesal de que se trate la que determina la ineficacia del mismo».

V.- Concluye esta parte que no ha lugar a la nulidad de las actuaciones derivada de dictar la sentencia fuera de plazo y, conforme al referido artículo 228 de la LEC, entiende que se debe condenar en costas a la parte solicitante, y, en su caso, interponer multa ante la promoción efectuada con temeridad **(2)**.

Por todo ello,

SUPLICO AL JUZGADO:

Que habiendo por presentado este escrito con las manifestaciones en él contenidas y documentos acompañados, se sirva admitirlo, lo una a los autos de su razón, y previos los trámites procesales de rigor, **DESESTIME LA NULIDAD** interesada por la contraparte **CONDENANDO** a la parte solicitante al abono de las costas causadas, con **IMPOSICIÓN de MULTA**, para el caso de que el tribunal observare que el incidente de nulidad se promovió con temeridad.

Es Justicia que pido en [DESCRIPCIÓN] a [DÍA] de [MES] de [AÑO].

<table>
<tr><td>Letrado D./D.ª [NOMBRE]</td><td>Procurador D./D.ª [NOMBRE]</td></tr>
<tr><td>[NUMEROCOLEGIADO_
ABOGADO_CLIENTE]</td><td>[NUMEROCOLEGIADO_
PROCURADOR_CLIENTE]</td></tr>
</table>

(1) Indicar, según el caso, el precepto y norma que fija el plazo para dictar sentencia.
(2) Desestimada la solicitud de nulidad, se condenará, por medio de auto, al solicitante en todas las costas del incidente y, en caso de que el tribunal entienda que se promovió con temeridad, le impondrá, además, una multa de 90 a 600 euros.